古代歷史文化 研究輯刊

十四編

王明蓀 主編

第26冊

章學誠研究論稿

林時民 著

國家圖書館出版品預行編目資料

章學誠研究論稿／林時民 著 -- 初版 -- 新北市：花木蘭文化出版社，2015〔民 104〕

序 2+ 目 2+174 面；19×26 公分

（古代歷史文化研究輯刊 十四編；第 26 冊）

ISBN 978-986-404-335-4（精裝）

1.（清）章學誠 2.學術思想 3.史學

618   104014390

ISBN-978-986-404-335-4

9 789864 043354

古代歷史文化研究輯刊
十四編　第二六冊   ISBN：978-986-404-335-4

章學誠研究論稿

作　　者　林時民
主　　編　王明蓀
總 編 輯　杜潔祥
副總編輯　楊嘉樂
編　　輯　許郁翎
出　　版　花木蘭文化出版社
社　　長　高小娟
聯絡地址　235 新北市中和區中安街七二號十三樓
　　　　　電話：02-2923-1455／傳眞：02-2923-1452
網　　址　http://www.huamulan.tw 信箱 hml810518@gmail.com
印　　刷　普羅文化出版廣告事業
初　　版　2015 年 9 月
全書字數　145510 字
定　　價　十四編 28 冊（精裝）台幣 52,000 元

章學誠研究論稿

林時民　著

作者簡介

林時民

1950 年生，台灣台中清水人。

台灣大學歷史學系文學士，台灣師範大學歷史研究所文學碩士、文學博士。

現任中興大學歷史學系教授。

著有：《劉知幾史通之研究》（1987）、《史學三書新詮：以史學理論為中心的比較研究》（1997）、《中國傳統史學的批評主義：劉知幾與章學誠》（2003）、《統帥與鑰匙：中國傳統史學十五論》（2005）、《台中市志・教育志》（2008）、《劉知幾史學論稿》（2015）、本書及相關學術論文卅餘篇。

提　要

　　本書雖係舊新論文所裒輯結集而成，然亦略謂自足形成體系，輯中首就章學誠生平擇要分期敘之，期以釐清生平與著作之間的有機聯繫，於焉吾人始有其宏著可讀。餘則專就其史學思想、史學理論、史學方法論乃至史學闕失予以分篇抒論，申其要解，企圖闡明其一家獨斷絕學乃宏揚自《春秋》以來，歷代卓越史家所承繼並發揚的史學宗旨。易言之，書中編次由外而內，由高層之思想理論轉入修史方法技術之實際層次，其道不外乎欲以管窺章氏史學之堂奧而已。內文中頗見章學誠對先聖孔子、史公馬遷、劉知幾、鄭樵等等諸前賢博彥之史學要論多所繼承、聯繫、發展甚至對立之種種側面，然則其總成則得以建立其一家專述之言，名山之業，於中國史學史上凝成屹立不搖之地位。其史學不僅記錄中國史學之精微深邃，宏揚既有優良史學傳統，終究更且推進東西史學之合流。

序　言

　　章學誠生時被喻爲「國朝之劉子元」，他一違常情不僅沒有高興喜悅，反有被誤解之悵然，遂而自述創作《文史通義》係因之而發，且謂「劉知幾得史法而不得史意」「劉議館局纂修，吾議一家著述」以證世人擬議章於劉之謬舛，更自稱兩人截然二途，不能相入，兩度重申辯護。

　　姑不論章氏上言是否禁得起檢覈，然自其《文史通義》問世之後，或有取之與劉氏《史通》齊論者，並謂爲史論「雙璧」，互可媲美。筆者讀書無多，然略涉二書，以爲所比在史學史上確乎有理，庶可認同。祇是章氏晚生劉氏千年左右，傳統史學歷經宋元明及其當代乾嘉、浙東學術之發展，其所能依恃及借爲資糧者自較劉氏爲多，章氏踵肩古人之上，提出高論，假以形成中國傳統史學（批評）理論的另一高峰，諒可信受而無疑。

　　乾嘉之後的學者對章氏史學評騭不一，或抑或揚，迨至清季，任公登高一呼謂「中國自有史學以來二千年間，得三人焉」，在清則章學誠，其學說在《文史通義》。其後漸盛，寖至今日，遠非昔比，不論前賢如錢賓四、張舜徽，遠若戴密微（P.Demieville）、倪德衛（D.S.Nivison），近若余英時，倉修良等等，不能備舉，都有傲人的專述，發皇其學；暨至最近，坊間猶見山口久和、劉延苗從嶄新角度，重測章氏史學，亦有佳績。總此以謂，蓋有愈後愈盛之勢，令人欣慶。

　　筆者受前賢碩學之啓迪，亦不揣斗筲，投身其中，撰有數文，載於國內大學歷史學報等刊物。今茲爲免學子搜求辛勞，故總結袞輯於一冊，顏曰《章學誠研究論稿》，於行將退職之際，期有益於後進好學，係愚竊首望。復者本書亦紀錄不佞研索章氏史學之歷史性，由單篇累至多篇，已艾歷經年；性質

亦由一人一書，而逐漸深入其學之內層與高層；換言之，即由章氏生平尋繹著作成書之有機聯繫，再深入其史學理論、方法論乃至批評理論的層面，務期略為周延探討其學，唯其實不過欲以窺其堂奧而已。

　　本書僅學海一粟而已，自不足列論，唯請同道好友，不吝教正，至所企盼。並感謝花木蘭杜潔祥先生不棄，願為拙稿梓印，始得公諸同好相知。是為序。

林時民

2015.2.1 謹序於興大歷史系

目

次

一、史學三書作者的生平　　與其著作之關係比較*

摘　要

　　梁任公曾謂中國自有史學以來，得三人焉。即本文論述主角之唐劉知幾、宋鄭樵、清章學誠。三氏雖各相隔四五百年左右，大抵皆出身文風較盛經濟較佳之江南沿海蘇浙閩地，且三氏享壽皆在六十上下，其生世大致都無天災人禍，對三人治學，可謂先天環境甚佳。復且三氏皆出身書香門第之上層社會，父祖都有授學進學之實益；加之宿性近史，又有同道相知，言議互許，對學問人品乃至撰述史冊，皆具砥礪裨助之功。最後三氏性格亦頗有類同之處，劉知幾正直傲岸，不與俗同；鄭樵寧守出林，沖介自懷，僻居一隅，幾同棄世；章學誠則寧以「韜鋒而倖全」不願「露鍔而遭忌」，但內在則自視甚高，自比珠玉。然而三氏卻都放棄與世俗同流，並退而自撰，成就各自的不朽名山之業。

---

* 　本文原刊於《國立台灣師範大學歷史學報》第 20 期（台北，1992.6.），頁 1～25。

（一）前　言

　　所謂「史學三書」，是指唐代劉知幾的《史通》、宋代鄭樵的《通志略》及清代章學誠的《文史通義》，三書之並舉，在清末以前，似未聞如此，有則自梁任公始〔註1〕，但任公實際並未予以專有名詞化，不過已略見機兆之先。其後，前輩學者張舜徽踵繼其武，出有一書即勒顏曰《史學三書平議》，於焉斯名始定。張氏因此可謂是正式標舉「三書」名稱的第一人。本文擬承襲此名稱之舊統，首先針對三書作者的生平大要與三書成書的關係作一番比較。大抵劉、鄭、章三氏享年都在六十歲左右，差異不大，雖三人生平際遇有不同的細致，但大致可以二十歲做爲一個段落，有機地分列早、中、晚年三個時期，來審視三氏著力於史事的同異，特別是尋出其所以成爲一代世宗的共通性緣由。

　　文中三個階段分別提敍出身門風、近史宿性、仕官交遊、基本性格、著述志趣與懷才不遇以作爲觀察三氏在撰述其不朽名作過程中的重要因素，並略比較之，俾以較能深切瞭解三氏及三書之重要史論。

（二）早年：出身門風與近史宿性

　　三氏的生卒年代，史籍均有記載。《新唐書》記劉知幾云：「生於唐高宗龍朔元年（661），卒於玄宗開元九年（721），終年61歲。徐州彭城人。」〔註2〕，彭城，在今江蘇省銅山縣。鄭樵的生平，因《宋史》未詳載，故後世學者力予考證，推知生於宋徽宗崇寧二年（1103），卒於紹興三十一年（1161）。係興化軍莆田縣人〔註3〕。興化軍屬於福建路，下有三縣，莆田即其中之一

〔註1〕 任公曾云：「自有史學以來二千年門，得三人焉，在唐則劉知幾，其學說在《史通》；在宋則鄭樵，其學說在《通志·總序》及〈藝文略〉〈校讎略〉〈圖譜略〉；在清則章學誠，其學說在《文史通義》」，見氏著，《中國歷史研究法附補篇》（台北：台灣中華書局，1973，台三版），頁24。又在補篇第四章，丑、〈史學史的做法〉謂：「中國史學的成立與發展，最有關係的有三個人：一、劉知幾，二、鄭樵，三、章學誠。……我們要研究中國史學的發展和成立，不能不研究此三人。」見同書，頁161～162。

〔註2〕 《新唐書·本傳》（台北：鼎文書局，1979）頁4519。更詳細則可參傅振倫，《劉知幾年譜》（台北：商務印書館，1967，台一版，人人文庫本）或周品瑛，〈劉知幾年譜〉，《東方雜誌》31：19（1934、10），頁181～190。

〔註3〕 《宋史》（台北：鼎文書局，1980）卷436，〈鄭樵傳〉：「高宗幸建康，命（樵）

〔註4〕。有關鄭樵的里邑籍貫，則史書向無異說〔註5〕。章學誠係生於清乾隆三年（1738），卒於嘉慶六年（1801），享壽64，浙江省紹興府會稽縣人〔註6〕。從地域的因素來看，三氏分別生於今江蘇、浙江、福建，三省皆近於沿海，比起其他地區，經濟較善，文風亦盛〔註7〕。而且蘇浙閩三省在唐宋清三代劉鄭章三氏生時，並無天災人禍，對三人之治學而言，可謂先天環境甚佳〔註8〕。

另者，從家庭門第來看，三氏皆可謂出身仕宦之家，亦有助於其致學。詳細言之，三氏皆具家學淵源，甚至可追溯至其遠祖即世為儒宗，光耀史牒的脈絡，但就彼等所受最大影響而論，則仍是父祖兩代。知幾從祖劉胤之，不僅有儒學且曾預修國史，實有上承遠代祖先，且下啓知幾一代注重史學門風的作用〔註9〕。父親劉藏器則是學行方正，時人稱賢，對知幾兄弟課教甚嚴

以《通志》進。會病卒。年五十九。」未詳載其生卒年，見頁12944。經後來的周必大《辛巳親征錄》、明正統年間周華編《游洋志‧鄭樵傳》（卷四）、清道光年間鄭惠元序刊《鄭氏族譜》（詳楊國楨〈鄭樵年代考索二題〉一文所引）、之後始成定論，而後錢大昕《疑年錄》、吳榮光《歷代名人年譜》、顧頡剛〈鄭樵傳〉、張須〈通志總序箋〉大都據此以論，而白壽彝〈談史學遺產〉更同意張須的推斷。關於鄭氏生平，可詳參鄭奮鵬，《鄭樵的校讎目錄學》（台北：學海出版社，1983）第一章〈鄭樵的生平〉，頁1～6。

〔註4〕《宋史‧地理志》，頁2209。

〔註5〕鄭奮鵬，《鄭樵的校讎目錄學》，頁1。

〔註6〕據：俟山，《章氏家乘》，引自胡適著，姚名達訂補，《章實齋先生年譜》（台北：商務印書館，1973，台2版），頁1。

〔註7〕參全漢昇，《唐宋帝國與運河》，中央研究院史語所專刊，又收在氏著，《中國經濟史研究》（香港：新亞研究所，1976）上冊，頁265～396。並可參何炳棣，《明清社會史論》（*The Ladder of Success in Imperial China*）（台北：宗青圖書出版公司景印，1978）、張仲禮，《士紳研究》（*The Chinese Gentry*）（台北：新月圖書公司翻印本，1971），尤其是書第三部分，頁168。都可知道唐、宋以迄於清季，整個江南，尤其蘇浙閩三省文風鼎盛、人才輩出的特色。又：鄭蘭陔，《莆田清籟集》〈序言〉有云：「文物于閩中稱極盛」，地方文獻《莆陽文輯》亦云：「莆雖小壘，儒風特盛，藏書名家如方漸、吳與皆與鄭樵有所過從，樵多次訪之。」後者可參婁曾泉，〈鄭樵〉，《中國史學家評傳》（河南：中州古籍出版社，1985），頁535。

〔註8〕鄭樵，〈上殿通志表〉：「……所賴閩無兵火之厄，可以見天下之書」可見。

〔註9〕劉胤之曾與「隋信都丞孫萬壽、宗正卿李百藥為忘年之友」又在永徽初年，「累遷著作郎宏文館學士，與國字祭酒令狐德棻、著作郎楊仁卿等撰成國史及實錄」，詳見《舊唐書》（台北：鼎文書局，1979），卷190上，〈文苑〉上，頁4494。其論則可參拙著，《劉知幾史通之研究》（台北：文史哲出版社，1987），頁19。

〔註10〕。鄭樵祖父鄭宰為熙寧三年進士，父國器，係政和年間太學生，曾鬻地助築蘇洋陂堤，甚受鄉里敬重〔註11〕。章學誠之祖如璋候補經歷，「惇行原德，望於鄉黨，尤嗜史學，晚歲閉門卻掃，終日不見一人。取司馬《通鑑》，往復天道人事」〔註12〕；其父鑣，乾隆七年（1742）進士，於實齋曾親自授讀〔註13〕。由上可知，三氏之所以能卓有所成，長於治史，與其家學門風深有關係。

再就三氏之同輩兄弟而言，知幾兄弟六人，俱進士及第，文學知名，可謂一門數傑，其兄弟於受學時，對知幾進學有益〔註14〕。漁仲則有從兄景韋，時稱二鄭，與其在人生抱負、學問志向及學術興趣各方面，相互切磋，十分相得〔註15〕。實齋與劉鄭兩人情況不同，他沒有兄弟，僅有一姊，後有一妹。不僅乏昆仲以勵進，且幼年多病，資質椎魯。至十四歲，四子書猶未卒業〔註16〕。其父親之友朋，咸為其父無後憂，可見其嚴重之一斑。然自十六歲以後，智慧漸開，知識漸通，性情漸近史學，不甘與俗學為伍〔註17〕。二十歲時，購得吳注《庾開府集》，有「春水望桃花」句，吳注引〈月令章句〉云：「三月，桃花水下」，實齋之父抹去其注，而評於下曰：「望桃花於春水之中，神思何其綿邈！」氏於彼時便有領悟。回視吳注，意味索然。自後觀書，遂能別出意見，不為訓詁牢籠。雖時有鹵莽之弊，而於古人都能另有所窺〔註18〕。

〔註10〕《史通釋評‧自敘》（台北：華世出版社，1981），頁 333。

〔註11〕《鄭氏族譜》，參閱《明弘治興化府志》同治十年重刻本，卷 35，〈儒林〉下，〈鄭樵傳〉。鄭奮鵬，《鄭樵的校讎目錄學》，頁 6。鄭樵父曾賣田二十畝，助築蘇洋陂，該陂在莆田縣溪西村上游一公里處，此陂經歷代維修，至今仍在發揮灌溉作用。參黃玉石，《鄭樵傳》（北京：中國青年出版社，1989），頁 202，註。鄭樵受其父影響，長大後亦「一利於人，必力為之」，並且增築蘇洋陂，以紹先志。

〔註12〕胡適著，姚名達訂補，《章實齋先生年譜》，頁 1～2。胡文引自〈刻太上感應篇書後〉，《章氏遺書》，卷 29，中冊，頁 721。

〔註13〕《文史通義》（台北：華世出版社，1980），外篇三，〈家書三〉，頁 366。

〔註14〕《史通釋評‧自敘》：「嘗聞家君為諸兄講《春秋左氏傳》，每廢書而聽，逮講畢，即為諸兄說之……」可證其父兄有授學進學之實。見頁 333。

〔註15〕鄭樵，〈投宇文樞密書〉，《夾漈遺稿》（台北：商務印書館，景印文淵閣四庫全書本，1983 重刊）卷三，頁 522～525。

〔註16〕《章氏遺書》（台北：漢聲出版社，1973）卷 22，〈與族孫汝南論學書〉，頁 502～504。

〔註17〕《章氏遺書》，頁 502～504。

〔註18〕新編本，《文史通義》（台北：華世出版社，1980），〈家書三〉，頁 367。

此亦可佐證章氏為學風格及其家學淵源。

氏曾自言：

> 二十歲以前，性絕駸滯，讀書日不過三二百言，猶不能久識，學為文字，虛字多不當理，廿一二歲，駸駸向長，縱覽群書，於經訓未見領會，而史部之書，乍接於目，便似夙所攻習然者，其中利病得失，隨口能舉，舉而輒當。……乃知吾之廿歲後與廿歲前不類出於一人，自是吾所獨異。〔註19〕

二十歲似是實齋生涯中的一分界線，前後迥異。其近史之性情在十六歲至二十歲之間，已完全顯露。而劉知幾則更早，《史通·自敘》中知幾曾言：

> 予幼奉庭訓，早游文學。年在紈綺，便受《古文尚書》。每苦其辭艱瑣，難為諷讀，雖屢逢捶撻，而其業不成。嘗聞家君為諸兄講《春秋左氏傳》，每廢書而聽。逮講畢，即為諸兄說之。因竊嘆曰：「若使書皆如此，吾不復怠矣。」先君奇其意，於是授以《左氏》，期年而講誦都畢，于時年甫十有二矣。所講雖未能深解，而大意略舉。〔註20〕

浦起龍以為知幾與史為緣，殆由宿植而來〔註21〕。所謂「宿植」，用今語釋之，即潛藏於本身之內的能力，亦即天生的稟賦，這種稟賦實即西人所謂自然傾向（natural tendency）。知幾之傾向於史，不僅在受蒙初學之時，表現無遺，同時在邁入青年期時，也就是過了上文所謂的「年甫十有二」後，還能以此與生俱來的宿植之優，「創通全史，胸貯皂白」了。〔註22〕

在十二歲讀畢《左傳》後，知幾迫切需要知道獲麟以後的史事，來廣增異聞。因此又續下《史記》、《漢書》、《三國志》等書。此後即能觸類旁通，洞悉古今之沿革與曆數之相承。到他十七歲時，則已窺覽「自漢中興已降，迄乎皇家實錄」的所有史籍，而且一點也不必假手師訓〔註23〕。若非知幾天性近史，且其資聰悟穎，焉易有其功？後來能三為史臣，再入東觀〔註24〕，歸結其原因，亦拜早年傾向於史之賜。

〔註19〕《文史通義》〈家書六〉，頁369。
〔註20〕《史通通釋·自敘》（上海：古籍出版社，1978），頁288。
〔註21〕《史通通釋·自敘》，頁289。
〔註22〕《史通通釋·自敘》，頁289。
〔註23〕《史通通釋·自敘》，頁288。
〔註24〕《史通通釋·原序》，頁1。

不惟如是，《史通・忤時》亦云：「僕幼聞詩、禮，長涉藝文；至於史傳之言，尤所耽悅」〔註25〕以及《舊唐書・本傳》：「子玄掌知國史，首尾二十餘年，多所撰述，甚為當時所稱」，又：「子玄自幼及長，述作不倦，朝有論者，必居其職」〔註26〕，在在都證明知幾近史的傾向大過於其他方面的習性。而這份自然的傾向，不但在早年顯像特強，而且貫穿其青壯年時期。知幾長大成人之後，從喜好詩賦的興趣轉移到史事，以及壯年以後「恥以文士得名，期以述者自命」的志向改變〔註27〕，都是天性近史在背後作祟的結果。

由此觀之，兩人近史特性在早年即已創發，惟劉氏幼年聰明而章氏愚魯而已，以此質諸鄭氏，雖無現成的資料證明其早年即已近史，但從後來的〈獻皇帝書〉裡自述其為學經歷時可知：

> 臣本山林之人，入山之初，結茅之日，其心苦矣，其志遠矣。欲讀古人之書，欲通百家之學，欲討六藝之文，而為羽翼。如此一生，則無遺恨〔註28〕。

可以知道在其十六歲護喪回鄉之後，即在夾漈草堂發憤讀書、訪書、著書，僅由此亦可知道史學經學乃至其他學問如金石圖譜、天文地理、校讎目錄、言語文字都在鄭樵追求行列之中。無疑地，鄭樵近史的宿性雖較劉、章兩氏不明顯，但沈潛於學問的興趣似乎遠大於劉、章兩人。

由上面所述，從發展心理學的觀點來看，三氏父祖三代以來的門風家學以及近史的自然傾向，是鑄就三氏撰述等身，擅名百代的首要資產。

（三）中年：仕宦交遊與基本性格

到了二十歲也就是弱冠之後，三氏的際遇便不相同了。劉知幾在二十歲左右即進士及第，最初派任為獲嘉縣主簿，是一名正九品下的小地方官，對劉氏而言，這是他首度踏出家庭而邁入社會或宦場之中。換言之，知幾二十歲左右，家庭對他的影響力已逐漸由社會所取代。

知幾在獲任之後的十餘年門，未曾易職他就〔註29〕。社會上也沒有兵荒

〔註25〕《史通通釋・忤時》，頁589。
〔註26〕《舊唐書・劉子玄本傳》（台北：鼎文書局，1979），頁3171。
〔註27〕《史通通釋・自敘》，頁292。
〔註28〕鄭樵，〈獻皇帝書〉，《夾漈遺稿》卷2，頁514～515。
〔註29〕劉氏任懷州獲嘉縣主簿一職，凡14年，迄公元699年始轉任定王府倉曹之職，參傅振倫，《劉知幾年譜》（台北：台灣商務印書館，1967）頁69～70。

馬亂，因此他可以突破弱冠之前，爲了要求仕進，不能專心向史的缺憾，而得以「旅游京洛，頗積歲年，公私借書，恣情披閱，至如一代之史，分爲數家，其間雜記小書，又競爲異說，莫不鑽研穿鑿，盡其利害」〔註30〕，這對他在做學問的層次上，顯然有很大的進益。而學問的底子，視野的廣度，都因他在這段不算太短的時間內，留任主簿一職，擁用完全充分的讀書自主性，以及不必再爲功名所網羅而方能鞏固並且拓展出甚多。弱冠之前的劉知幾，其史學基礎固然是穩固的，但日後之能參預史職與具備撰述史書的功力，實得力於初仕任內恣情披閱公私典籍與鑽研穿鑿雜記小書所得來的兼綜工夫。也就是說，至此之後，其史學知識與理念才達到批評、成熟與超然的境界。

踏入宦場後的前十年，除了再充實自己的學力之外，劉知幾並沒有交到使他認爲足以研討治學的朋友，如有則在三十歲以後，而這些朋友，在其心目中都是很有份量的。《史通‧自敘》曾說：

> 及年以過立，言悟日多，常恨時無同好，可與言者。維東海徐堅，晚與之遇，相得甚歡，雖古者伯牙之識鍾期，管仲之知鮑叔，不是過也。復有永城朱敬則、沛國劉允濟、義興薛謙光、河南元行沖、陳留吳兢、壽春裴懷古，亦以言議見許，道術相知。所有權揚，得盡懷抱。每云：「德不孤，必有鄰，四海之內，知我者不過數子而已矣。」〔註31〕

而立之前，知幾何以缺少知音？且於後文再述。此處擬先檢視所稱七友，究係何許人士？

徐堅，少好學有敏性，遍覽經史，性寬厚，文章敦實，多識典故，先後修撰《三教珠英》、《格式氏族》及《國史》，甚得時論稱譽。他很重視《史通》，曾說：「居史職者，宜置此書于座右」〔註32〕，並編有《初學記》卅卷，主張良史應當「不虛美、不隱惡，善以勸世，惡以示後，所以暴露成敗，昭彰是非」，與劉知幾在《史通》〈曲筆〉〈直書〉〈惑經〉〈忤時〉諸篇的論說，宗旨相符。

朱敬則，早以辭學知名，倜儻重節義，長安三年（703）曾上〈請擇史官

〔註30〕《史通釋評‧自敘》（台北：華世出版社，1981），頁334。
〔註31〕《史通釋評‧自敘》，頁334。
〔註32〕《舊唐書‧劉子玄傳》，頁3171。

表〉：「伏以陛下聖德鴻業，誠可垂範將來。倘不遇良史之才，則大典無由而就也。且董狐、南史豈止生於亡代而獨無於此時乎？在求與不求，好與不好耳」〔註33〕。這項見解與《史通・覈才》所論者近同。

劉允濟曾以鳳閣舍人修國史也發論：「史官善惡必書，言成軌範，使驕主賊臣，有所知懼，此亦權重理合，貧而樂道也。昔班生受金，陳壽求米，僕視之如浮雲耳。但百僚善惡必書，足爲千載不朽之美談，豈不盛哉！」〔註34〕與《史通・曲筆》指摘「班固受金而始書，陳壽借米而方傳」屬於同一論調，連事例兩人所舉也是相同的。

薛謙光由《兩唐書・本傳》知道他「博涉文史，每與人談前代故事，必廣引證驗，有如目擊。少與徐堅、劉子玄齊名、友善」〔註35〕。

吳兢在《唐會要》卷六十三〈史館〉上，〈在外修史〉條有：「（開元）十四年（726）七月十六日，太子左庶子吳兢上奏曰：『臣往者長安、景龍之歲，以左拾遺起居郎修國史，時有武三思、張易之、張昌宗、紀處訥、宗楚客、韋溫等，相次監領其職。三思等立性邪佞，不循憲章，苟飾虛詞，殊非直筆。臣愚以爲國史之作，在乎善惡必書。遂潛心積思，別撰《唐書》九十八卷，《唐春秋》三十卷，用藏於私室。』」可見吳兢之良直。與知幾及前述諸人相同〔註36〕。

元行沖則「博學多通，尤善音律及訓詁之書」，撰有《魏典》卅卷，《群書四錄》及《注孝經疏義》〔註37〕。子玄立說，多受行沖影響。

至於裴懷古，是唯一不參史局之人，故最後才提到。懷古「清介審慎，在幽州時，韓琬以監察御史監軍，稱其馭士信，臨財廉，爲國名將云」〔註38〕，氣質與知幾等人亦甚相類似。

由以上所述，可歸納出知幾友人的共通點，大致是：（一）好學喜史：如徐堅「好學，遍覽經史，多識典故」；劉允濟「博學，善屬文」；薛「博涉文史」；元「博涉多通」；吳「勵志勤學，博通經史」；（二）耿直孤介：元行沖

〔註33〕《唐會要》（台北：台灣商務印書館，國學基本叢書，1968，台一版）卷63，修史官條，頁1100。

〔註34〕劉允濟傳，見《舊唐書》卷190，〈文苑列傳〉，頁5013。氏所發論則見《唐會要》卷63，修史官條，頁1100。

〔註35〕《舊唐書・薛登傳》，頁3136。

〔註36〕《唐會要》卷63，頁1098～9。亦可參《新唐書・吳兢傳》，頁4529。

〔註37〕《新唐書・元澹傳》，頁5691。

〔註38〕《新唐書・裴懷古傳》，頁5626。

「性不阿順，多進規誡」；朱敬則曾爲魏元忠被張易之兄弟構誣，將陷重辟一事，獨抗疏申理，顯示其耿直無畏權勢；劉允濟在垂拱四年（688）明堂初成時，曾奏上〈明堂賦〉以諷，武則天不怪之，反手制褒美。中興初，授青州長史，爲吏清白，甚得長官之薦信；吳兢、裴懷古之良直廉信，正如前述，不必多贅。凡此皆與知幾之性格同一類型，故而甚易形成諸人心目中視彼此爲「我群」（We Group），而在學問人品方面，互有砥礪之功。《史通》之撰作，亦因而有其關聯性。

其實，早期知幾在入京之初，尚抱有「守愚養拙，怯進勇退」的思想〔註39〕。但入史館後，竟敢直言當道，可能即是與這些相知諸友的相互砥礪與激發鼓勵，才有重大改變的。正因爲他們具有共同的特色，故白壽彝認爲知幾及其友朋形成了一個學派，並肯定此學派思想的進步性，對八世紀的思想史研究有益〔註40〕。雷家驥則以爲他們論道講學的背景都在所謂的史館修注院，故乾脆賦予一個「館院學派」的名稱〔註41〕。逯耀東在知幾諸友的著作流傳不廣的條件下，更進一而認爲知幾是他們史學思想的總代言，《史通》則是他們史學經驗的結晶。〔註42〕。

至於鄭樵在二十歲至四十歲之間的宦歷，則殊少足述者。原因出在他自少年時代，即于宦途不甚熱心，十六歲父親亡故，扶樞回鄉之後，便謝絕人事，與其弟鄭柚從兄鄭厚築南豐草堂閉門讀書，與山泉林野爲伴。後因弟柚早逝，厚樵兄弟乃遷夾漈山，因陋就簡，築草堂三門，一起以切磋學問爲樂，無意仕途，因草堂周圍緣蔭掩映，碧溪環流，田疇交錯，景色優雅，鄭樵乃

〔註39〕劉知幾，〈思慎賦〉，《文苑英華》（台北：華文書局，1967）卷 92 及《全唐文》（台北：匯文書局，1961，欽定本）卷 274，頁 3515～3518，均收有此文，茲引洪業，〈《韋弦》《慎所好》二賦非劉知幾所作辨〉，收於《洪業論學集》（台北：明文書局，1982），頁 376～379。

〔註40〕白壽彝，〈劉知幾的史學〉，收於《中國史學史論集》（上海：人民出版社，1979）第二冊，頁 58～112。

〔註41〕雷家驥，〈唐前期國史官修體制的演變——兼論館院學派的史學批評及其影響〉，《東吳文史學報》第 7 期（台北，1989.3），頁 1～36。

〔註42〕逯耀東，〈史通疑古、惑經篇形成的背景〉，《當代》第 10 期（1987.2），頁 66。文中有云：「劉知幾和他的同伙，最初撰修國史所持的『善惡必書，言成軌範』的理想，無法實現。這種「事多遺恨」的經驗，不僅是劉知幾，也是與他同時參與國史的朱敬則、徐堅、吳兢、劉允濟所共有，最後透過劉知幾的《史通》表露出來。所以，劉知幾的《史通》是他們共同痛苦經驗的總結，是他們的共同語言。《史通》寫成後，徐堅說：『居史職者，宜置此書於座右』」。

潛心研究成就一代史學。鄭樵故宅，大陸有關方面已予重新修繕〔註43〕。其詩文集《夾漈遺稿》曾留下草堂題記和咏詩〔註44〕，吟咏山間景色，抒發胸懷志趣，頗具隱逸情愫。厚樵兩人才氣抱負相當，兄弟感情也十分相契，可謂志同道合，常一起研讀論辨，致寒暑不分，飲食亦忘。史稱其喜「遊名山大川，搜奇訪古，遇藏書家必借留，讀盡乃去」〔註45〕，可見其致學專深，用力精勤。然靖康二年春（1127），鄭樵二十四歲時，發生靖康之難。時局的動盪，激發了兄弟兩人的民族氣節與愛國情操，先投書予江給事常，後又兩投宇文虛中樞密書〔註46〕。兄弟兩人雖受賞識，唯終未獲用，只得重返山林〔註47〕。後來鄭厚于紹興五年（1135），「再舉禮部，奏賦第一」，從此走向宦途，但鄭樵篤守本志，放野山林，依然「風晨雪夜，執筆不休，廚無煙火，而誦記不絕」〔註48〕，雖有謂三次被舉薦爲孝廉，兩次被推爲遺逸，但皆不動心〔註49〕。他矢志不渝，獻身於讀書著述。三十五歲那年，即南宋高宗紹興八年（1138），他開始想寫一部繼《史記》之後，貫通古今的通史。在〈寄方禮部書〉裡，自述：

〔註43〕可見黃玉石，《鄭樵傳》扉頁，附有後人修妥之夾漈草堂圖片。
〔註44〕夾漈草堂的環境，先生曾有自述，是夾漈草堂二首並記：
「斯堂本幽泉、怪石、長松、修竹、榛橡所叢會。與時風、夜月、輕煙、浮雲、飛禽、走獸、樵薪所往來之地。溪西遺民，于其間爲堂三門，覆茅以居焉。斯人也，其斯之流也。顧其人家不富亦不貧，不貴達亦無病，與爾屬相周旋也。
堂後青松百尺長，堂前流水日湯湯。西窗盡是農桑域，北牖無非花葛鄉。罷去精神渾冉冉，看來几案尚穰穰。不知此物何時了。待看臨流自在狂。
堂後施柴堂上燒，柴門終日似無聊。蟊蟲不解知辛苦，松鶴何能慰寂寥。述作還驚心力盡，吟哦早覺鬢毛彫。布衣疏食隨天性，休訝巢由不見堯。」見《夾漈遺稿》（台北：台灣商務印書館，1983），卷1，頁506。
〔註45〕《宋史・鄭樵傳》，頁12944。或作標點如下：「遇藏書家，必借留讀盡乃去。」皆可通。
〔註46〕《夾漈遺稿》〈與景韋兄投江給事書〉〈與景韋兄投宇文樞密書〉，卷3，頁522～528。
〔註47〕宇文虛中在建炎元年（1127）因議和之罪，被朝廷流竄韶州，次年奉使金國，又終年被扣留北方，不可能爲二鄭引薦。見《宋史・宇文虛中傳》，卷371，列傳130，頁11526～11529。
〔註48〕《夾漈遺稿・獻皇帝書》，卷2，頁514～515。
〔註49〕參明周華等編，《福建興化縣志》卷4。這點與《宋史・鄭樵傳》所載：「平生甘枯淡，樂施與，獨切切於仕進，議者以是少之」不同。顧頡剛〈鄭樵傳〉亦以爲二鄭兩人在年輕時頗有用世之大志。唯鄭奮鵬已批駁其說，見氏著《鄭樵的校讎目錄學》，頁10～11。

> 諸史家各成一代之書而無通體，樵欲自今天子中興，上達秦漢之前，
> 著爲一書，曰《通史》，尋紀法制。嗚呼！三館四庫之中，不可謂無
> 書也。然欲有法制可爲歷代有國家者之紀綱規模，實未見其作，此
> 非有朝廷之命，樵不敢私撰也。營營之業，營營之志，幸禮部侍郎
> 而成就之。〔註50〕

其宏大理想，完全披露，祇願會通百家之學，集天下之書爲一書。爲此，他
奮鬥了三十年，歷盡艱辛，始終不改。他屢辭任官，甚至自負到不願與當時
一般士大夫交遊應酬。以爲他們「齬齱不圖遠略，無足與計者」〔註51〕，這
可以說他個性上耿介自守的表現，也是他草堂求學時期所表現的延續，多年
來鄭樵志向一直不變。不就官職，甚至不曾與試，可以說自始即是他的性格
上的一部分，而他抱持隱逸的心態，隱居深山之中，謝絕人世交往，正是他
著述通史諸略的憑恃。一旦失此憑恃，鄭樵即不復爲鄭樵。

　　章學誠在青壯年階段的表現平平。其史學素養已漸趨成熟，但不爲外界
所識，他曾回憶：

> 廿三四時所筆記者，今雖亡佚，然論諸史於紀表志傳之外更當立圖，
> 列傳於〈儒林〉〈文苑〉之外更當立史官傳，此皆當日之舊論也，惟
> 當時見書不多，故立說鮮所徵引耳，其識之卓絕，則有至今不能易
> 者。〔註52〕

氏二十三歲（乾隆二十五年，1760）赴北京應順天試，不第；直至三十一歲
時再試，始中副榜。在這八年間，章學誠一直在國子監中落落寡合，每試輒
被斥落，祭酒以下多看他不起。乾隆三十年應鄉試時，同考官沈業雄推薦其
文章，但未被錄取。沈氏甚爲之惋惜，乃延聘至家中教其子弟。學誠因而得
以努力學習和寫作。同年，始觀《史通》〔註53〕，並在生活上出現一個轉捩
點，即拜翰林院編修朱筠爲師，學爲古文，甚得朱氏讚揚。此時的學誠，由
於「朱先生始言於眾，京師漸有知名者，彼時立志甚奇，而學識未充，文筆
未能如意之所向」〔註54〕知幾在他這個年紀，也仍然在「借閱公私典籍」之

〔註50〕　〈寄方禮部書〉，《夾漈遺稿》卷2，頁516～519。又三館指昭文館、集賢館、
　　　　　史館；四庫指經史子集。指宋代皇家藏書之處。
〔註51〕　《夾漈遺稿·與景章兄投江給事書》，卷3，頁526～528。
〔註52〕　新編本，《文史通義》外篇三，〈家書六〉，頁369。
〔註53〕　《文史通義·家書六》，頁369。
〔註54〕　〈跋甲乙賸稿〉，《章氏遺書》卷28，中冊，頁714。又見胡著姚補《章實齋

中，尚未擔任史職。此後，並與邵晉涵（二雲）、周永年（書昌）、任大椿（幼植）、洪亮吉（稚存）、汪輝祖（龍莊）、黃仲則等學者交遊，其中和學誠最要好的朋友要數史學家邵二雲。兩人論史，契合隱微〔註55〕。乾隆三十七年（1772），氏三十五歲，開始撰作《文史通義》，其致朱春浦書有云：

> 夫人之相知，得心為上。學誠家有老母，朝夕薪水之資不能自給。
> 十口浮寓，無所棲泊。貶抑文字，稍從時尚，則有之矣。至先生所
> 以有取於是而小子亦自惜其得之不偶然者，夫豈紛紛者所得損益？
> 是以出都以來，頗事著述，斟酌藝林，作為《文史通義》。書雖未成，
> 大指已見辛楣先生（按即錢大昕）候牘所錄內篇三首，併以附呈。
> 先生試察其言，必將有以得其所自。〔註56〕

此中透露《文史通義》始於是年，並且知道學誠仍然生活非常困乏窘迫。〈上辛楣宮詹書〉云〔註57〕：

> 學誠從事於文史校讎，蓋將有所發明。然辯論之間，頗乖時人好惡，
> 故不欲多為人知。所上敝帚，乞勿為外人道也。

顯見學誠的見解，不合時宜，但已有幾分自信。可惜錢大昕似未能賞識其史學見解。而邵晉涵則甚稱讚學誠的《文史通義》，曾云：「君每見余書，輒謂如探其胸中之欲言，間有乍聞錯愕，俄轉為驚者不一而足」〔註58〕。學誠文集中與邵氏論學之書信很多，彼此知交。

乾隆三十八年癸巳（1773），氏三十六歲。是年應和州知州劉長城之聘，編纂《和州志》，次年成書，是他的第一本著作。此年夏天，氏在寧波遇到戴震（東原），兩人論史事，意見多不合。余英時教授對兩人的學問路向已有一番論述，甚見精緻，當備參讀〔註59〕。茲舉一例，學誠在杭州，曾聞戴震與吳穎芳談次痛詆鄭樵《通志》，其後學者頗有訾謷。氏乃因某君敘說，辨明著

先生年譜》，頁16。

〔註55〕新編本《文史通義》外篇三，收有章氏與邵二雲論學之書文凡十篇，頁309～321及672。又見《章氏遺書·邵與桐別傳》，頁397；胡適，《章實齋先生年譜》，頁24。

〔註56〕〈侯國子監司業朱春蒲先生書〉，《章氏遺書》中冊，卷22，頁504～505，又見胡適，《章實齋先生年譜》，頁25。

〔註57〕引自胡適著，《章實齋先生年譜》，頁25～26。

〔註58〕《章氏遺書》卷18〈邵與桐別傳〉，頁395～398。

〔註59〕余英時，《論戴震與章學誠——清代中期學術思想史研究》（台北：華世出版社，1980年台影二版）。

述源流。其文上溯馬班下辨《文獻通考》，皆史家要旨。此文初名〈續通志敘書後〉，後易名爲〈申鄭〉，即因戴氏而作，今已成爲了解章氏史學思想的重要文獻之一。到三十七歲時，撰有《和州志》四十二篇，並輯有《和州文徵》八卷。

　　乾隆四十年乙末，氏三十八歲，家益貧，而交遊益廣。此時學識大有進益，但爲了求功名，不得不分出精力準備科考。翌年，仍困居北京，援例授國子監典籍。乾隆四十二年丁酉（1777），氏四十歲，因周震榮之介紹，主講定武書院，並受聘主修《永清縣志》，秋入京應順天鄉試，因主考官梁瑤峰惡經生墨守經義，束書不觀，乃發策博問條貫，雜以史事，以覘宿抱。學誠反因此得以發揮，榜發中舉。梁氏在考後對他說：「余闈中得子文，深契於心，啓彌封，知出吾鄉，訝素不知子名。詢鄉官同考者皆云不知。聞子久客京師，乃能韜晦如是！」〔註60〕這個「韜晦」兩字可以看出多年來學誠的性格。以他稚年騃滯而且多病，青壯年學仕兩途的崎嶇坎坷，如國子監時多爲考官斥落，如他雖性近史部，但乾隆三十八年，其師朱筠入《四庫全書》館爲纂修官，戴震、邵晉涵、周永年等皆應徵入館纂修，然章氏猶未稱意。如四十歲左右始舉科業，但生活仍然幾陷絕地，其個性若不有幾分執著，且不狂囂傲人，恐更難以度日，如此，則可明白梁氏所評章氏之言，洵爲至論。而且，我們亦以爲學誠有此個性，也是長期所累積而極爲自然的發展。其實，前述的鄭樵也具備這份特質，他甚至僻居一隅，幾如隱逸，韜晦的工夫猶在學誠之上。

　　然而知幾的性格特質則不在此，而在其「正直崒岸」〔註61〕，知幾何以三十歲以前，缺之道業相知的朋友？或可從其性格因素來尋繹之。

　　知幾幼時讀書即常有創獲，素不爲古人之言見所拘泥，他第一次被大人責以「童子何知，而敢輕議前哲？」即表現在他二十歲以前，「讀班、謝兩《漢》，便怪前書不應有〈古今人表〉，後書宜爲更始立〈紀〉」之事〔註62〕，雖然當時知幾頗爲之赧然自失而無辭以對，但這份高超的悟解能力，在其後讀到張衡及范曄的書時，終於肯定己見爲是。往後「其有暗合於古人者，蓋不可勝紀。始知流俗之士，難與之言」〔註63〕，無奈世之庸俗者多，如知幾及其朋

〔註60〕《章氏遺書》卷21，〈梁文定公年譜書後〉，頁475下。胡適著，《章實齋先生年譜》，頁36。
〔註61〕傅振倫，《劉知幾年譜》（台北：台灣商務印書館，1967），頁39。
〔註62〕《史通釋評・自敘》，頁334。
〔註63〕《史通釋評・自敘》，頁334。

輩者，蓋不多見。以氏之資材高妙，每能發明新義，兼由遍尋史籍嗜讀如命之事來看，知幾三十而立前後，常以無可言之朋友相交爲憾，似是自然不過之事。就此而言，鄭樵以爲一般士大夫「齷齪不圖遠略，無足與計者」也是相同的道理。

　　知幾的賦性峭直，傲岸稜角，又處處可見。他在《史通・忤時》篇說：「孝和皇帝時，韋武弄權，母媼預政，士有附麗之者，起家而紆朱紫，予以無所傅會，取擯當時」又說：「僕少小從仕，早躡通班。當皇上初臨萬邦，未親庶務，而以守茲介直，不附奸回，遂使官若土牛，棄同芻狗」，惟其無所附會，故而一爲主簿，十餘年未曾陞遷；一爲中允，又四年不除〔註64〕；及供史職，宗楚客又嫉其正直〔註65〕。

　　緣由其性格之方正，難以俗同，而居史官又久，凡近三十年，故有後來《史通》之作。

（四）晚年：著述志趣與懷才不遇

　　對於三氏來講，四十歲以後迄於六十歲的廿年間，是三氏在史事成就的最重要的階段。三氏的平生代表作都成於此一階段，然而爲何撰作其書，又與三氏在這段期間之內的懷才不遇有很深的關聯。

　　首就劉知幾而言，武后聖歷二年己亥（699），知幾入京爲定王府倉曹（正七品上），與徐堅、徐彥伯、張說等同修《三教珠英》，修完之後隔年即擢升爲著作佐即兼修國史，開始與史館結緣，是年爲武后長安二年壬寅（702），知幾四十二歲。長安三年，擢升爲門下起居郎，即爲「左史」，撰起居注，後奉詔修《唐史》，但《唐史》之作，多非知幾本意。《史通》裡的「五不可」〔註66〕，即針對史館的各種弊端而發。知幾知友吳兢亦預其事，多以曲筆爲憾。後在外修撰《唐春秋》《唐書》；另朱敬則亦上疏請擇史官，其中有「勗之以公忠，期之以遠大」及「超加美職，使得行其進」諸語，蓋爲知幾而發〔註67〕。是年七月，鄭惟忠嘗問知幾以自古文士多而史才少之故，知幾提出「史才論」謂須有才學識三長，三者難兼，故史才少。此論成爲知幾的千古灼見。

〔註64〕《舊唐書・本傳》，頁3168。

〔註65〕《史通釋評・忤時》，頁704。

〔註66〕《史通釋評・忤時》，頁704。

〔註67〕蘇淵雷，〈劉知幾〉，《中國史學家評傳》（河南：中州古籍出版社，1985）上冊，頁408。

　　武后長安四年甲辰（704），擢鳳閣舍人，暫停史職。是年，作《劉氏家乘》及《譜考》。《譜考》按據詳明，卻爲流俗所譏。中宗神龍元年乙巳（705），知幾四十五歲，除著作郎、太子中允率更令，兼修國史，並奉令修《則天實錄》。此時監修貴臣仍是武三思、宗楚客等人。這些恩倖貴臣既無學行，又猜忌正士。知幾及其友人堅持據事直書的原則，自遭阻礙，故其理想抱負都無法實現，終致引起他「著述立言」「商榷史篇」的念頭。〈自敘〉篇中知幾便明確說出：

> 長安中，曾奉詔預修唐史。及今上（中宗李哲）即位，又敕撰《則天大聖皇后實錄》。凡所著述，嘗欲行其舊議。而當時同作諸士及監修貴臣，每與其鑿枘相違，齟齬難入。故其所載削，皆與俗浮沈。雖自謂依違苟從，然猶大爲史官所嫉。嗟乎！雖任當其職，而美志不遂，鬱怏孤憤，無以寄懷，必寢而不言，嘿而無述，又恐沒世之後，誰知予者。故退而私撰《史通》，以見其志。〔註68〕

又《新唐書‧劉知幾傳》亦提及《史通》撰述於中宗神龍元年：

> 始，子玄修《武后實錄》，有所改正，而武三思等不聽。自以爲見用於時而志不遂，乃著《史通》內外四十九篇，譏評千古，徐堅讀之，歎曰：「爲史氏者宜置此坐右也。」〔註69〕

知幾以爲雖「見用於時」，卻又觸處荊棘，難以實現宿願。載削之餘，故退而私自撰述。就此以觀，知幾比起其他兩氏，仍屬幸運，知幾的懷才不遇，係受制於史館官修體制以及監修總官的不學無行，但至少仍見用於時，得入史館。鄭、章兩氏則連「見用於時」都不可得。若再細分，鄭氏長年久居山中，茹素含辛，私著史冊，仍受朝廷制令的拘制，可謂一波數折，頗不順遂〔註70〕；而以章氏之才，卻始終爲人作嫁，編撰地方志書，不得豫入史館，參修一國之史。且長久爲一家十口生活所迫，輾轉流離，可謂顛沛造次極甚！又似是三氏中之尤者〔註71〕。故美志不遂、懷才不遇是三氏各自撰述其畢生代表作的一大原因。

〔註68〕　《史通釋評‧自敘》，頁335。

〔註69〕　《新唐書‧本傳》，頁4519。

〔註70〕　黃玉石，《鄭樵傳》，第19章，頁207～220。是書雖非學術著作，但頗忠史實，聊可參讀。

〔註71〕　章實齋，〈侯國子監司業朱春浦先生書〉，參註56，又可參喬衍琯，《文史通義：史筆與文心》（台北：時報出版公司，1987）頁27～36。

中宗景龍四年庚戌（710），《史通》編次成書〔註72〕。但時人共譏其失，因爲〈釋蒙〉以自陳，並以揚雄自擬：

> 揚雄草〈玄〉，累年不就，當時聞者，莫不晒其徒勞。余撰《史通》，亦屢移寒暑，悠悠塵俗，共以爲愚。……揚雄撰《法言》，時人競尤其妄，故作〈解嘲〉以訕之。余著《史通》，見者以互言其短，故作〈釋蒙〉以拒之。〔註73〕

〈釋蒙〉惜已佚失，無由考閱，但由此亦可知知幾對《史通》充滿自信，不爲俗塵所搖撼，而後證明其堅持是正確的。

玄宗開元四年丙辰（716），知幾與友吳兢撰成《睿宗實錄》、《則天實錄》、《中宗實錄》，共70卷。知幾受封居巢縣子〔註74〕。

玄宗開元九年辛酉（721），知幾年61，因長子犯事配流，知幾詣執政訴理。因犯上怒，貶授安州別駕，旋卒。知幾卒後一年，子劉餗錄上《史通》，玄宗贈以工部尚書〔註75〕。

綜上所述，足見其稟性峭直，崒岸不苟，與時俗相違以致抑鬱憤歎，其傳世代表之作卻因此而成。

至於鄭樵，從本文第一節所引述，已知他：

> 欲讀古人之書，欲通百家之家，欲討六藝之文，而爲羽翼。如此一生，則無遺恨。忽忽三十年，不與人間流通事，所以古人之書，稍經耳目，百家之學，粗識門庭……〔註76〕。

其學問淹通，除史學、經學之外，當世一般學者所忽略之圖譜、語言、文字、禮樂、天文、地理、蟲魚、草木、曆數、校讎，他都有研究〔註77〕。由於他一向隱居於夾漈山，與大自然爲伍，故其學問能夠理論與經驗並具。《通志·昆蟲草本略序》云：

〔註72〕《史通通釋·原序》，頁1，史通成書前後約八年。邱添生先生以爲景龍四年之後，應有續添部分，故不可以景龍四年爲限，甚值得參考。見氏，〈劉知幾的史通與史學〉，《國立台灣師範大學歷史學報》第9期（1981.5），頁51～72。

〔註73〕《史通釋評·自敘》，頁337。

〔註74〕《新唐書·本傳》：「（知幾）嘗曰：『吾若得封，必以居巢紹司徒舊邑。』後果封居巢縣子」，頁4519。

〔註75〕《新唐書·本傳》，頁4519；《舊唐書·本傳》，頁3168～3171。

〔註76〕〈獻皇帝書〉，《夾漈遺稿》，卷2，頁514～515。

〔註77〕〈獻皇帝書〉裡鄭樵自己提到有58種著作，自分9類。見張須，《通志總序箋》（台北：商務印書館，1965，台一版），附錄二，〈鄭君著作考〉，頁80。

> 臣少好讀書。無涉世意，又好泉石，有慕景弘心。結茅夾溪山中，
> 與田夫野老往來，與夜鶴曉猿雜處。不問飛潛動植，皆欲究其情性。
> 〔註78〕

又：

> 天文藉圖不藉書，……圖一再傳，便成顛錯。……臣向盡求其書，
> 不得其象，又盡求其圖，不得其信。一日得〈步天歌〉而誦之，時
> 素秋無月，清天如水，長誦一句，凝目一星，不三數夜，一天星斗，
> 盡在胸中矣。〔註79〕

可知他一向重視實學。這是他「山林三十年，著書千卷」的一貫風格。

高宗紹興十八年（1148），樵四十五歲，是年春，徒步二千里至臨安，獻
書予皇帝，凡42種，並上〈獻皇帝書〉直陳其獻書志願與動機，文云：

> 臣竊見兵火之餘，文物無幾，陛下留心聖學，篤志斯文，擢用儒臣，
> 典司東觀。于是內外之藏，始有修理，百代之典，煥然可觀。臣伏
> 睹秘書省歲歲求書之勤，臣雖身在草萊，亦欲及茲時效尺寸。

首先他希望參與秘書省求書的工作，其次他亦希望其著述得以留傳，因此他
又說：「奈秋先蒲柳，景迫桑榆。兄弟淪亡，子姓亦殤。惟餘老身，形影相弔。
若一旦攸先朝露，則此書與此身，不惟有負于生平，亦且有負於明時。」

他擔心三十年著書的苦心將無可存留，故後來在〈上宰相書〉時又再次
發出「無子弟可授」的感慨。結果差幸得到朝廷的嘉納，可以「詔藏秘府」，
使鄭樵得到極大的鼓舞。隔年（四十六歲），回到莆田老家，仍在草堂講學著
述。惟聲名較前為大，從學弟子一時增至二百多人〔註80〕。四十七歲時（1150），
上宰相書，言明希望能夠修纂一部通史，「其書上自羲皇，下逮五代，集天下
之書為一書」。他一直想寫一部繼《史記》之后，貫通古今的通史，這可說是
鄭樵最高的理想與志趣。鄭樵在上書秦檜後，即開始撰寫《通志》，直到紹興
卅一年才完成。

紹興二十七年，工部侍郎兼侍講王綸和侍講賀允中舉薦他：

> 興化軍進士鄭樵，耽嗜墳籍，杜門著書，頃年嘗以所著書獻之朝廷，

〔註78〕何天馬校，鄭樵著，《通志略·昆蟲草木略序》（台北：里仁書局，1982，台一版），頁786。

〔註79〕《通志略》，〈天文序〉，頁197。

〔註80〕《宋史》卷436，〈儒林〉6，〈鄭樵傳〉，頁12944。

降付東觀。比聞撰述益多,恐必有補治道,終老韋布,可謂遺才。

望賜召對,驗其所學,果有可取,即乞依王蘋、鄧名世例施行,庶

學者有所激勵。〔註81〕

次年,高宗便于行在召對鄭樵,鄭樵藉此奏言:

臣取歷代史籍,始自三皇,終于五季,通修爲一書,名曰《通志》。

參用馬遷之體,而異馬遷之法。謹摭其要覽十二篇,名曰《修史大

例》。〔註82〕

當時高宗說:「聞卿名久矣,敷陳古學,自成一家,何相見之晚耶?」。遂授

迪功郎、禮兵部架閣〔註83〕。話似頗爲賞識,實際卻未能破格重用。且不久

之後又遭御史葉義問所彈劾,改監潭州南嶽廟。鄭樵大失所望,乞求還山,

於是高宗下詔給與筆札,歸山抄寫《通志》。

鄭樵回家之後,專心撰述,在過去陸續寫妥的舊稿基礎上,經過一番整

理審訂,刪繁就簡,大致費了三年時間,終于完成《通志》全書的編纂工作,

實現會通眾史,集天下之書爲一書的宿願。由上可知,《通志》從準備到完成

約費十年時間,此點與知幾之《史通》約略相當。

紹興三十一年,樵帶著畢生心血凝鑄的《通志》稿本,欲獻書皇帝,並

作有〈上殿通志表〉,表云:

顧臣修史之本末,盡出聖訓之緒餘。觀彼春秋,默略四時之氣;較

於班馬,似有一日之長,唯茲編摩,豈敢容易。守株待兔,莫辯指

蹤;常山擊蛇,要觀首尾。若無自得之學,曷成一家之言?垂念臣

被旨以還,唯恐弗逮,雖蒙筆札之賜,不敢官求……〔註84〕。

〔註81〕 《宋史·鄭樵傳》,頁 12944;畢沅編著《續資治通鑑》(北京:中華書局,1957、
1979)卷 131,頁 3490。

〔註82〕 《游洋志》卷 4,〈鄭樵傳〉。

〔註83〕 《宋史·鄭樵傳》,頁 12944。並見王應麟,《玉海》(大化書局,合璧本,1977
重刊)第二冊,卷 47:「紹興 28 年 2 月乙巳,鄭樵召對,授迪功郎。」見頁
931。劉壎《隱居通議》亦云:「先生少不事科舉,惟務著書。三舉孝廉,兩
舉遺逸,俱辭。後以經筵列薦,特召賜對,稱旨。命以官,主管禮兵部架閣
文字。」李心傳,《建炎以來繫年要錄》(台北:台灣商務印書館,景印文淵
閣四庫全書本,1983)卷 179 亦記載:「紹興 28 年春 2 月乙巳,興化軍布衣
鄭樵,特補右迪功郎。先是王綸在經筵,與傳讀官同薦其人行,上召對,遂
以命之。其所著史書,令有司給札繕寫投進。」見第 327 冊,頁 523。

〔註84〕 見周華等,《福建興化縣志》卷 6(該書又稱《游洋志》)。全文約 600 字,寫
於《通志》定稿後的紹興三十一年(1161),乃爲獻《通志》而作的表文。

表中首敘勵志苦讀勤勉著書的境況；次對高宗之知遇、勗勉略加頌揚；末段概述修撰該書之甘苦，並表白自己修史「有一日之長」，能「成一家之言」之自負。

但當他到達臨安時，適逢高宗移駕建康，遂無緣得見。之後樵被詔遷為樞密院編修，兼攝檢諸房文字〔註85〕。後樵又請求修撰金正隆官制，比附中國秩序，並以此為理由要求入秘書省翻閱書籍，但此事再次遭到反對而不得實現。據稱原因是「遇館中人狹中矜性，皆不樂以館中所有易彼所無，竟寢其事」〔註86〕。博極群書，整理金石鼎彝都是鄭樵在前述的〈獻皇帝書〉、〈上宰相書〉的願望，但至此始終未能真正達成。這點與知幾際遇殊為不同。

紹興三十二年二月，高宗由建康至臨安，于三月初詔樵進獻《通志》，會樵病卒，享年五十九歲〔註87〕。綜觀鄭樵畢生過著枯淡的生活，不慕虛華，亦不切切於仕進，只專心致志於學術研究與著述，是後世難得的典範。其身後家境清寒，有子翁歸年僅八歲，無力付刻，因而其生前大量著作大都未能刊印行世，後來逐漸散佚，今存唯有《通志》、《爾雅鄭注》、《夾漈遺稿》、《詩辨妄》數種以及若干零散斷篇遺文而已，殊為可惜。〔註88〕。

章學誠在第二節的最後一年即其四十歲時中舉，次年成進士。四十一歲始中進士與知幾弱冠即中，足足相差二十年。實算不上得意，學誠曾在〈質性篇〉說：

〔註85〕 李心傳，《建炎以來繫年要錄》，卷193：「紹興31年冬10月戊辰，右迪功郎鄭樵充樞密院編修官。樵以布衣特起，至是稍用之。」頁770。卷195又云：「紹興31年12月壬寅，樞密院編修官鄭樵……任行宮留守司幹辦公事」，頁802。

〔註86〕 黃廷玉，《宋朝閩中文獻志》卷3，抄本。轉引自婁曾泉，〈鄭樵〉，《中國史學家評傳》中冊，頁534。

〔註87〕 《宋史·本傳》，頁12944。又據《南湖鄭氏族譜》記載：「先生卒于壬午三月初七日」。

〔註88〕 鄭樵一生著作不斷，據最近大陸廈門大學歷史系的調查統計，多達84種。但除少數保留下來以外，大部分的著作，如《書考》、《春秋考》、《諡法》、《石鼓文考》、《百川源委圖》、《分野記》、《詩名物志》、《食鑒》、《群書會記》、《校讎略論》、《書目正訛》、《圖書志》、《氏族源》、《集古系時錄》、《集古系地錄》等等，均已亡佚。上皆在〈上宰相書〉所錄。並可參：廈門大學歷史系鄭樵研究小組，〈鄭樵史學初探〉，《中國史學史論集》（上海：人民出版社，1979）第二冊，頁319。

太史遷曰：「余讀〈離騷〉，悲其志。」……此賈之所以弔屈，而遷
之所以傳賈也，斯皆三代之英也。若夫託於〈騷〉以自命者，求其
所以牢騷之故而茫然也。……夫科舉擢百十高第，必有數千賈誼痛
哭以弔湘江，江不聞矣；吏部敘千百有位，必有盈萬屈原搔首以賦
〈天問〉，天厭之矣。孟子曰：「有伊尹之志則可，無伊尹之志則篡
也。」吾謂牢騷者有屈賈之志則可，無屈賈之志則鄙也。然而自命
爲〈騷〉者，且紛紛矣。〔註89〕

這段話是學誠夫子自道。蓋文中屈賈遷都是極不得意之人，而學誠於科第亦
如是。與他情況相同，倣效屈原作〈離騷〉者多，但在學誠看來，他們都沒
有「屈賈之志」，牢騷鄙下味俗。而且學誠在官途亦極不得意。他自己以爲與
時俗不合，不願作官，致貧困如故，依人爲生。〈俗嫌〉篇舉實例以云〔註90〕：

往學古文於朱（筠）先生，先生爲《呂舉人誌》，呂久困不第，每夜
讀甚苦，鄰婦語其夫曰：「呂生讀書聲高，而音節淒悲，豈其中有不
自得耶？」其夫告呂，呂哭失聲曰：「夫人知我。假主文者能具夫人
之聰，我豈久不第乎？」由是每讀則向鄰牆三揖。其文深表呂君不
遇傷心。

學誠甚至自傷不如呂舉人幸運，呂氏尚有一位知人冷暖的鄰婦。

在這段期間，學誠受友人周震榮的聘請，修《永清縣志》，周氏甚予其便，
使學誠周游縣境，調查實情，以三年時間完成此書。乾隆四十四年，學誠在
同鄉戶部尙書梁國治家課教其子一年。乾隆四十六年至河南謀事不成，中途
遇盜，囊篋盡失，生平撰著亦散佚無存。從朋友處借抄，僅得十之四五。學
誠一生的不幸，恐以此次最甚。自是以後，每有文稿，必留副草，以備遺忘。
是年其師朱筠逝於北京，「師友知交，凋落多故」，學誠「一家十五口，浮寓
都門，嗷嗷待哺，秋盡無衣，困苦最甚」，次年學誠只得離開京師，轉至永平
縣（今河北盧龍縣）主講敬勝學院，繼續撰寫《文史通義》。乾隆四十八年癸
卯（1782），氏四十六歲，春，臥病，甚危急，邵晉涵載至其家，延醫治之。
病中喜與邵氏論學，每至夜分。由於邵氏爲之護理，得免於死。四十七歲，
由永勝書院轉至保定主講蓮池書院，五十歲退職回京，寄居於朋友家中。此
年（1787）學誠最得意之門人史致光進士及第，授修撰。亦在此年歲末，因

〔註89〕清章學誠著，葉瑛校注《文史通義校注》（北京：中華書局，1983）上，頁417。
〔註90〕《文史通義校注》，頁438。

周震榮推薦，至河南見畢沅，甚受畢氏器重，隔年主講歸德文正書院。自乾隆五十三年起至五十八年，學誠爲亳州知州修《亳州志》（今已不存），並爲湖廣總督畢沅編纂《史籍考》，主修《湖北通志》，並參與畢氏之《續資治通鑑》的編撰工作，有〈爲畢制軍與錢辛楣宮詹論《續鑑書》〉一文。氏所主修之《湖北通志》，在畢沅離武昌赴山東後，廢而不用，但在《章氏遺書》中存有《湖北通志檢存稿》四卷。此期間內，學誠尙修有《常德府志》、《荊州府志》，唯皆不存。

乾隆五十八年（1793），氏五十六歲，將家眷從亳州送回會稽。所有藏書之大部分亦於此時以楠木書櫥十二隻，寄歸故里。隔年，學誠亦回老家。耗時多年的《史籍考》完成十之八九，竟仍不得卒業。學誠出外作客三十餘年，顚沛流離，倍嘗艱辛，回家後葺居僅足容身。但不久又離家游揚州、安慶、桐城諸地，後來才到揚州依鹽運使曾燠。曾氏對學誠亦甚器重。

嘉慶三年（1798），學誠六十一歲，在蘇州續編《史籍考》，畢沅死後，是書未成。學誠遂就其家訪得殘餘，重訂凡例，完成《史籍考》凡三百二十五卷。可惜是書終仍不傳。嘉慶五年，學誠因眼疾失明，猶著述不輟。嘉慶六年（1801）十一月，氏卒，享壽六十四。

在這後段二十餘年的生涯裡，學誠生活極其困頓，此固然與其懷才不遇有關，但亦與其所生活的大時代有關。此時大致是清朝由鼎盛趨向衰落的時代。乾隆晚期的屢興邊防武功，和珅弄權敗壞政治、官僚之顢頇敷衍，以及社會經濟在人口激增，土地分配不均及白銀外流下日益艱難，加上長江流域蟲震旱澇災害威脅不斷，使得整個政治迅速惡化，以致惡惡相因，迭生民亂。乾隆卅九年王倫在山東壽張起事，乾隆末年和嘉慶初年，白蓮教先後在川鄂陝甘豫諸省稱亂，先後達九年之久，更沉重打擊清朝的統治。章學誠生逢其時，即曾說：「貧賤之故，周流南北，於民生吏治聞見頗眞」〔註91〕，他曾在〈上執政論時事書〉、〈上韓城相國書〉、〈上尹楚珍閣學書〉等文中提出政治改革的訴求，但在固定的歷史條件下，他的提議可以說不曾實現。此則也可說是懷才不遇的一種，章氏雖生活蹇蹇，但自視甚高，自比珠玉〔註92〕。只

〔註91〕《章氏遺書》卷29〈上韓城相國書〉，頁736～7。

〔註92〕《文史通義校注·說林》：「寶明珠者，必集魚目。尚美玉者，必竟碔砆。是以身有一影，而罔兩居二三也。然而魚目碔砆之易售，較之明珠美玉爲倍捷也。珠玉無心，而碔砆有意，有意易投也。……珠玉操三難之勢而無一定之價，碔砆乘三易之資而求價也廉，碔砆安得不售，而珠玉安得不棄乎？」見

是「得遇」的機會並不多。〈知難〉篇略云：

> 賈生遠謫長沙，其後召對宣室，文帝至云：「久不見生，自謂過之，見之乃知不及。」君臣之際，可謂遇矣。然不知其治安之奏而知其鬼神之對，所謂述似相知而心不知也。劉知幾負絕世之學，見輕時流，及其三爲史臣，再入東觀，可謂遇矣。然而語史才則千里降追，議史事則一言不合，所謂述相知而心不知也。〔註93〕

知幾的際遇比學誠要好得很多，然而仍不免引起章氏的感慨，所以他在〈知難篇〉下結論說：「是以君子發憤忘食，闇然自修，不知老之將至，而以求適吾事而已，安能以有涯之生而逐無涯之毀譽哉！〔註94〕」

實齋孤懷絕詣，當時知者甚少，曠觀古今，故不免時有獨立蒼茫之感。氏既乏知遇，只得歸於闇然自修而無悶〔註95〕。此則與前文述梁瑤峰謂其「韜晦」是出自同義的。氏之懷才不遇，固其個人之不幸，然亦是中國學術之不幸，尤其是史學之不幸。蓋其未能得以充份發揮也。

其實換個角度來看，實齋的際遇，正如喬衍琯所說不能算太壞，他有知書識理的父親，良師益友的教導、切磋，及賞識提拔他的官員、朋友，所以才有後來的成就〔註96〕。如此而言，氏亦應可自慰了。

（五）結　論

由以上分三階段析述《三書》作者生平大要及其成就《三書》之緣由，可知三書之成係多方面的因素所匯集而成，並非是單一的。影響其著作的外在因素，大致在三氏都出身在經濟較善、文風較盛的區域以及書香門第的社會上層，父祖都有授學進學之實益。朋友在劉章兩氏助益極大，鄭樵則與從兄相厚。內在因素方面則劉章兩氏在近史宿性極爲明顯，而鄭樵則力讀不懈，治學範圍較兩氏尤廣，故其著作多達八十餘種，惟三氏撰述雖多，而存者無幾，恐又是三氏於九泉之下必需同爲浩嘆的。三氏的基本性格亦頗有雷同之處，知幾正直傲岸，不與俗同；而鄭樵寧守山林，沖介自懷，幾如隱逸，自棄於俗世；而實齋之韜晦養身，內在則自視甚高，自比珠玉。時人享有高名

頁354～5。華世新編本則見頁126～127。

〔註93〕《文史通義校注》卷4，內篇四〈知難〉，頁366。
〔註94〕《文史通義校注》，頁368。
〔註95〕葉瑛校注之語，見《文史通義校注》，頁368及371。
〔註96〕喬衍琯，《文中通義：史筆與文心》（台北：時報文化出版公司，1987），頁51。

如汪中、袁枚皆不入其目，可見一斑〔註97〕。此種性格，正是其不得遇於時的徵候，兩者甚有關聯，而由此乃都能退而自撰，成其不朽名山之業。知幾撰述《史通》則說：「夫其爲義也，有與奪焉，有褒貶焉，有鑒誡焉，有諷刺焉。其爲貫穿者深矣，其爲網羅者密矣，其所商略者遠矣，其所發明者多矣」〔註98〕即是暢敘不遇於時的抑鬱憤慨之道。此不遇之怨始能轉爲著述的驅動力量之一。故「其書雖以史爲主，而餘波所及」才能「上窮王道，下掞人倫，總括萬殊，包吞千有也」〔註99〕。

漁仲夙志即在集天下之書爲一書，向以追習《史記》「究天人之際，通古今之變」及「原始察終，見盛觀衰」爲職志，而終成《通志（略）》以會通其志。

實齋承前豐厚遺產，與劉鄭兩氏一樣，亦重馬遷揭櫫的「通古今之變，成一家之言」，他曾講史意：「固將綱紀天人，推明大道，所以通古今之變，而成一家之言者，必有詳人之所略，異人之所同，重人之所輕，而忽人之所謹，繩墨之所不可得而拘，類例之所不可得而泥，而後微茫杪忽之際，有以獨斷於一心」〔註100〕，並自謂「性命之文，盡於《通義》一書」〔註101〕。

因而《史通》、《通志略》、《文史通義》能成爲三氏的古今獨斷之學而擅名萬世。

由以上本文的探討，而知《三書》作者與《三書》成書的種種關係，之後才能探述《三書》的各項本質。此與三山僋父浦起龍（二田）謂「知知幾之人者，可與知《史通》之書」〔註102〕是同一道理的，本文擴及三氏，實即憑藉此理。

〔註97〕 章氏對汪中不滿處，有〈立言有本〉一篇及〈述學駁文〉四篇，皆爲汪氏而作。可見《文史通義》（國史研究室，1972）外篇，頁202～210。對袁枚不滿處，則在〈婦學〉可見內篇五，頁168～177。胡適在《章實齋先生年譜》，頁114～118及130～131，對章氏亦有評語，頗中肯。

〔註98〕 《史通釋評・自敘》，頁337。

〔註99〕 《史通釋評・自敘》，浦起龍釋語，頁337。

〔註100〕 新編本《文史通義》，內篇四，〈答客問上〉，頁138。

〔註101〕 《章氏遺書》卷29，〈跋戊申秋課〉，頁728；北京文物本在頁325。

〔註102〕 《史通釋評》附錄，〈新唐書劉子玄本傳〉（增註），浦起龍書後語，見頁719。

二、《文史通義》的「通」與「義」[*]

摘　要

　　本文從章學誠傳世代表作《文史通義》的書名來解讀，進而探討其書的宏旨。本文發現其書名之「通」，含有貫通、橫通之義，若兩者交互融合，則史事之縱橫交錯，自可紛陳，而得爲一系統、總體之史。史家應具此識，始得爲通人。通亦可作動詞用，則「通義」可解爲通達史義，如此又可拈出章學誠作此書之微旨。經文中耙疏可知章學誠重倡史義（意），端在效法孔子作《春秋》的「綱紀天人，推明大道」，並期以經緯世宙，有益世教，乃其書之最終目標、最高意旨。

---

* 　本文原刊於《東吳歷史學報》第 11 期（台北，2003.6），頁 329～346。

（一）前　言

　　古籍以「通義」為書名，較為後人所熟悉者有漢代班固（A.D.32～92）等人所撰的《白虎通義》，應劭的《風俗通義》，再則即是清代章學誠（1738～1801）的《文史通義》和《校讎通義》。「通義」一詞似是這些學者的共同喜好，也代表著他們撰述的鵠的所在。然而，他們要「通」什麼「義」呢？怎麼「通」呢？不禁令人想要一探究竟。

　　《白虎通義》是後漢章帝命官員與學者在白虎觀「講議《五經》同異」〔註1〕，以求得出統一的看法，議論不決的歧義，則由「帝稱制臨決」，班固即據其資料寫成此書。故知此書「通義」二字即謂書中經義不是代表某家看法，而是可以通行天下，統一的結論。〔註2〕應劭的《風俗通義》則主要在強調移風易俗的作用，目的則在「厚民風而正國俗」。〔註3〕兩者所要通之義，一從經義出發，一從風俗覽觀，取徑上明顯不同，至於目標是否一致，則置後文略敘，茲暫不及。本文比較關切的是，涉及史學層面的《文史通義》及《校讎通義》兩書，其中尤以《文史通義》的問世，除了說明章學誠史學的成就之外，更代表中國傳統史學理論一個高峰的出現。站在「史學與文獻」的角度來看，無疑《文史通義》（文獻）的「通」與「義」（史學），是在上述兩本「通義」之後，更令人想從另一個截然不同的角度來了解、審視章學誠到底要「通」什麼？「義」何在？是否會與前兩本通義的最終目標一致？以下本文且先疏通章學誠在其《文史通義》的「通」，後再抒其「義」之論，終冀於其書所欲翻陳之史論，能窺其旨要。至於《校讎通義》則僅止於文中敘論時附及之，不另作論。同時，本文亦無意於就上述四本「通義」作比較研究，則是首先必須在此略加聲明的。

（二）「通」的意涵及其於史學的運用

　　由於章學誠《文史通義》、《校讎通義》都是以「通義」命名，可見他的史學思想是與「通」有關聯的。尤其《文史通義》中有〈釋通〉、〈橫通〉兩

〔註1〕范曄，《後漢書・章帝紀》（台北：世界書局，1974），頁138。

〔註2〕參〔清〕陳立撰，吳則虞點校，《白虎通疏證・出版說明》（北京：中華書局，1994），頁2。

〔註3〕〔東漢〕應劭原著，王利器校注，《風俗通義・校注敘例》（台北：明文書局，1988再版），頁1。

文，更可從中覘知。在〈釋通〉篇章學誠自解「通」的本義訓「達」，是「自
此之彼之謂也」；然章學誠主要目的在指出「通」在治學方面的引申意義。思
想上，他既然重「通」，在史學編撰上，他的表現即是倡導通史體裁的著作，
兩者是相通的。他在〈釋通〉篇即說：「夫通史人文，上下千年，然而義例所
通，則隔代不嫌合撰」，並進而指出通史有其優點：

> 通史之修，其便有六：一曰免重複，二曰均類例，三曰便銓配，四
> 曰平是非，五曰去牴牾，六曰詳鄰事。其長有二：一曰具翦裁，二
> 曰立家法。

這六便二長中，茲舉第五便「去牴牾」爲例來講，章學誠說：「斷代爲書，各
有裁制，詳略去取，亦不相妨。惟首尾交錯，互有出入，則牴牾之端，從此
見矣。居攝之事，班殊於范；二劉始末，范異於陳。統合爲編，庶幾免此。」
斷代史雖易於專記一朝一代之事，但前後朝代之間史事的銜接上，可能由於
史書作者不同，而發生所載史事截然不同的情況，也就是所謂牴牾的現象。
然若通代爲史，著出一手，則史家可以其才識法度，翦裁鎔鑄，寫成其萬代
通史，可以避免斷代爲史，常有割裂前後朝代史事的弊病。復就其長之一的
「具翦裁」來看，章學誠以爲融合貫通眾史，不止是概括其凡例而已，尚需
彌補其簡略與缺漏，刪除多餘蕪累的文字，結構上的起伏安排與文字上的詳
略，都是根據一家準繩來處理。像李延壽的《南》、《北》二史，文字敘事皆
較南北諸朝正史簡練詳密，故被稱爲良史，此即得力於容易具翦裁之故。再
從其他的五便一長綜合來看，通史在敘事方面可以綜合群史，刪繁就簡，系
統有條，可爲學者提供方便；在內容方面，通史又可包羅萬有，貫通古今，
亦便於「辨章學術，考鏡源流」。當然更重要的是，通史易於予人瞭解兼跨數
代的歷史發展大勢，以宏觀的視界，看待人類社會，如此才能史學經世，更
具意義。

　　章學誠的「通」，不僅止於上下千年的貫通，也有橫通之意。他在〈釋通〉
篇有說：

> 六卿聯事，職官之書，亦有通之義也。奈何潘迪取有元御史之職守，
> 亦名其書謂之《憲臺通紀》耶？

六卿是指分別掌管治典、教典、禮典、政典、刑典和事典的六官，如欲分別
撰述其官制史，則六官各不相干，沒有互動現象。然若用橫通之法，則可結
合六官爲一體，亦能具體呈現「通」義。

　　學誠另有〈橫通〉一文，補述「有專門之精，有兼覽之博」的「通人」之外，尚有極爲類似「兼覽之博」但實際並無心得的人叫做「橫通」，如書商、藏書家、刻書家之流即是，他們與融會貫通，達於大道的通人，是「同而異，近而遠，合而離」，學誠以爲與橫通者交往，仍有益於聞見，但須保持距離，留有餘地。

　　直通、橫通的「通」，若能結合交叉，則史事之縱橫交錯，自可紛陳，而得爲一系統、總體之史，章學誠的「通」確有所見。然其見亦有所秉承沿襲，遠受漢司馬遷、唐劉知幾（661～721）〔註4〕，近則受南宋鄭樵（1104～1162）的影響很深。鄭樵認爲《史記》而後，斷代成習，導致代代互相因依之義中斷，在鄭樵的觀念裏，必致史事無法「會通」，無從了解整個歷史發展的脈絡，也看不出前後因果的關聯。史事既失前後銜接會通之義，必致繁複迭出，他以爲「傷風敗義，莫大於此」〔註5〕，所以他立意著作通史，欲恢復古有傳統，以矯正《漢書》斷代無復相因之失，最後撰成《通志》，遠繼馬遷《史記》，成爲史學史上現存的第二部紀傳體通史。即《史記》而後，惟《通志》最符合通史的要求。章學誠爲此而說：

　　　　鄭樵生千載之後，慨然有見於古人著述之源，而知作者之旨，不徒
　　　　以詞采爲文，考據爲學也。於是遂欲匡正史遷，益以博雅，貶損班
　　　　固，譏其因襲，而獨取三千年來遺文故冊，運以別識心裁，蓋承通

〔註4〕劉知幾基本上主張斷代史，這是從漢代班固《漢書》斷代成例，迄於有唐「無改斯道」之所致，本無可厚非，但他仍極具「通識」觀念，除由其書命名爲《史通》之外，在《史通・自敘》亦云：「夫其書（史通）雖以史爲主，而餘波所及，上窮王道，下掞人倫，總括萬殊，包吞千有」顯示劉氏史評亦有大家之器識格局，其中具「上下」之貫通與「總括」「包吞」之橫通，是具通識之明證，筆者拙稿《劉知幾史通之研究》（台北：文史哲出版社，1987）、《史學三書新詮》（台北：台灣學生書局，1997）曾闢專節探討其通識觀念，敬請參閱。章學誠讀過《史通》，受其影響，是可深悉，詳可參上列後書，故筆者此處列入劉氏，即基於此識。山東曲阜師範大學許凌雲教授在其《劉知幾評傳》（南京：南京大學出版社，1994）亦云：「斷代成風，他（劉知幾）自然高度評價了斷代爲史，殊不知他本人也深受司馬遷的影響，歷史的選擇，包括歷史思想、歷史觀點的選擇，並非是簡單的非此即彼，而且往往不是某些人的主觀願望所能決定的。我們不必要這樣提出問題：劉知幾是通史家，還是斷代史家？這樣就把複雜的歷史簡單化了。」見頁101。筆者同意此見，以爲劉氏主張斷代，但並不反對「通」，吾人似不宜以 either/or 來看待劉知幾。

〔註5〕《通志略・總序》（台北：里仁書局，1982），頁2。

　　史家風，而自爲經緯，成一家言者也。〔註6〕

指出《通志》卓識名理，獨見別裁，古人不能任其先聲，後代不能出其軌範。章學誠之所以如此推崇鄭樵是有其背景的，除兩人在史學思想上有類似之處外，要則在於鄭樵提倡通史，排斥斷代，並在《通志》上批評歷代史家史事，招致後人詰難，尤其是戴震（1722～1777）對鄭樵的批評，更是章學誠所欲奮起爲鄭樵辯護的。章學誠與戴震之間的互動關係非常微妙，章學誠許多史學上的卓見，可以說是因爲戴震之故而激發出來的。他的內心世界頗值得研究。

　　他自述癸巳（1773）年在杭州，「聞戴徵君震，與吳處士穎芳談次，痛詆鄭君《通志》，其言絕可怪笑」〔註7〕，因而他爲異代的鄭樵抱不平，說：

> 學者少見多怪，不究其發凡起例，絕識曠論，所以斟酌群言，爲史學要刪；而徒摘其援據之疏略，裁翦之未定者，紛紛攻擊，勢若不共戴天。……夫鄭氏所振在鴻綱，而末學吹求，則在小節。……自遷固而後，史家既無別識心裁，所求者徒在其事其文，惟鄭樵稍有志乎求義。〔註8〕

因戴震詆諆鄭樵，帶動了章學誠護衛鄭樵，並申論自己的學說見解，逐步發展成他的史學理論，亦即後來《文史通義》的成書。此爲其重要原因之一。

　　然而，章學誠固然受鄭樵影響而主張通史，但他不像鄭樵那樣罵遍了寫斷代史的班固、陳壽（233～297）、范曄（398～445）等人。〔註9〕章學誠並不反對斷代史，他比較折衷、客觀。他還指出通史體裁也有三弊：「一曰無短長，二曰仍原題，三曰忘標目」，〔註10〕這點恐怕即是一味主張通史的鄭樵所不知道的。

〔註6〕《文史通義・申鄭》，頁136。

〔註7〕《文史通義・答客問上》，頁137，章氏雖然很多地方反對戴震，但事實上受戴氏影響很深。學誠以爲時人達儒當中唯戴氏可以「深悉古人大體，進窺天地之純」，見〈答邵二雲書〉，頁320。另可參劉節，《中國史學史稿》（河南：中州書畫社，1982）十九、〈章學誠的史學〉，頁337～338。另可參余英時，《論戴震與章學誠——清代中期學術思想史研究》（台北：華世，1980），頁5～14。

〔註8〕《文史通義・申鄭》，頁136～7。

〔註9〕《通志略・總序》，頁2，如罵班固是豬，「全無學術，專事剽竊」，並及班彪、范曄、陳壽，謂之「率皆輕薄無行」。

〔註10〕《文史通義・申鄭》，頁137。

章學誠對劉知幾重斷代輕通史，也曾有微評，言曰：

> 劉知幾六家分史，未爲篤論。《史記》一家，自是通史。劉氏以事罕
> 異聞，語多重出譏之，非也。至李氏《南北史》，乃是集史，並非通
> 史。通史各出義例，變通亙古以來，合爲一家記載，後世如鄭樵《通
> 志》之類足以當之。……蓋通史各溯古初，必須判別家學，自爲義
> 例。〔註11〕

否定知幾，爲司馬遷和鄭樵張目。但他否定知幾，並不否定班固的《漢書》。
他在《文史通義・書教下》亦肯定《漢書》「本撰述而非記注，則於近方近
智之中，仍有圓且神者以爲之裁制，是以能成家而可以傳世行遠也」，〔註12〕
《漢書》之後諸史即失卻班史之意，而以紀表志傳，同於科舉之程式，官府
之簿書，遂失古人著書之宗旨。學誠不反對班固，柴德賡以爲是他比鄭樵高
明的地方。〔註13〕

章學誠還發現斷代史之〈表〉〈志〉，其所載錄，與人物紀傳大有不同，
它仍須因仍繼承前代的，所以雖稱斷代，也還具有相通之義。章學誠還例舉
許多書：

> 標通而限以朝代著也，李氏《南北史》，薛歐《五代史》，斷代而仍
> 行通法者也。其餘紀傳故事之流，補轉纂錄之策，紛然雜起，雖不
> 能一律以繩，要皆依蕭梁《通史》之義而取便耳目，史部流別不可
> 不知也。〔註14〕

學誠此見，饒有意義。「雖不標通，而體實存通」，〔註15〕雖非通史，但仍可
具有通意。此則說明了章學誠在劉知幾的主斷代和鄭樵的主通史兩者之間找
到新平衡點，這應是他高明過於劉、鄭兩氏之處。其實以今日之史學角度來
看，也確如章氏所言，斷代已可具通意。如蕭一山（1902～1978）以有清一
代之史撰成《清代通史》不正是此意？設以一般學者所論，按古代成例，則
蕭書斷清代何可得謂「通史」？

通史體例並不限於政軍情事，典制史亦有通史。章學誠對《三通》之中的

〔註11〕《章氏遺書・丙辰箚記》（台北：漢聲出版社，1973），頁876下。
〔註12〕《文史通義・書教下》，頁13。
〔註13〕柴德賡，〈試論章學誠的學術思想〉，收入《史學叢考》（北京：中華書局，
　　　　1982），頁303。
〔註14〕《文史通義・釋通》，頁132。
〔註15〕《文史通義・釋通》，頁131。

《通志》、《文獻通考》也有批評，他對鄭樵的《通志》評價說：「其範圍千古，牢籠百家者，惟創例發凡，卓見絕識，有以追古作者之原，自具《春秋》家學耳」，又說：「惟鄭樵稍有志乎求義」〔註16〕；對馬端臨（1254～1323）的《文獻通考》則評曰：「此乃經生決科之策括，不敢抒一獨得之見，標一法外之意，而奄然媚世爲鄉愿，至於古人著書之義旨，不可得聞也」，〔註17〕兩部同爲通史體裁的典制史，卻因史義的因素，而有霄泥之判。當然，他對《通考》的評價，並不公平，後人對此也多有批評，現代學者通常以《通考》後《通典》、《通志》而出，材料既富，門類又多，並有兩書精華，價值頗高。〔註18〕

　　以上章學誠因申鄭揚馬而主通史，但亦不反對斷代史。歷代學者或有輕通史重斷代，或有甲馬乙班者，其實二體各有其功能，不可互替，甚至仍可相互爲用，不能偏執一方。章學誠深悉史體三昧，貫通之外有橫通；通史之餘，猶倡斷代史「體實存通」，此其「通」之極致歟！

（三）「義」的內蘊及其於史學的表現

　　在《文史通義・家書二》章學誠告訴他的家人：

> 吾於史學，蓋有天授，自信發凡起例，多爲後世開山，而人乃擬吾於劉知幾。不知劉言史法，吾言史意；劉議館局纂修，吾議一家著述，截然兩途，不相入也。

家書最能表現自己的想法，不必有所隱晦而得暢所欲言，其中章學誠自言「於史學，蓋有天授，自信發凡起例，多爲後世開山」，大致後人有兩種解讀：（一）覺得學誠之言頗爲誇大自雄，人皆知其「二十歲以前，性絕駑滯，讀書不過三二百言，猶不久識，學爲文字，虛字多不當理」。〔註19〕二十歲之後，彷彿才開竅，「而史部之書，乍接於目，便似夙所攻習然者；其中利病得失，隨口能舉，舉而輒當」〔註20〕，以此而言，其天資並非絕佳，尤其他幼年多病，

〔註16〕《文史通義・申鄭》，頁137。
〔註17〕《文史通義・答客問中》，頁141。
〔註18〕如許凌雲，《怎樣讀史書》（台北：學海出版社翻印，1990），頁80～81。張孟倫，《中國史學史》（蘭州：甘肅人民出版社，1986）下冊，頁256～259。更說：《三通》之中，則莫「善於《通考》之書」。並說章學誠的申鄭，實際上是申己；他的屈馬，實際上是屈戴。是言似有見地。
〔註19〕《文史通義・家書六》，頁369。
〔註20〕《文史通義・家書六》，頁369。

資質椎魯。十四歲時，四子書猶未卒業，〔註21〕比起一般子弟都嫌略遜一籌。甚至他父親之友朋，見其有子若此，皆爲其父憂無後，可見嚴重之一斑。以此資質，而於日後暢言「蓋有天授」「多爲後世開山」，誰之全信？故頗有致言其驕狂之病。〔註22〕（二）對其所言毫不置疑，確信他對傳統史學理論的建設，確有新猷。《文史通義》內容豐富，見解深刻，論述全面，新意疊出，表現了作者完整的史學思想，代表了傳統史學的最高水平。兩種解讀，因各有所執，遂各有其理。雖言各有當，但未必皆是非之公。其實，吾人明瞭學誠史學多有所憑藉，而後因依承累增，遂能以其特識而發爲確鑿不易之論，對史學貢獻，有其不可抹減的價值。尤於「史意」一說，更可藉爲說明其史學特識之處，爲其撰述《文史通義》之源頭。在上引〈家書二〉所說，乾嘉時期的學者看到他的論述，即取之與《史通》相比，而曰可相媲美，謂爲雙璧。甚至有人因而稱呼章學誠爲「國朝之劉子元」，但他不僅不高興，反而一違常情地以「史意」極力自清有別於劉知幾之「史法」。本節即擬從章學誠的自辯入手，分析他所要陳述的「史意」，即可了解其作《文史通義》的史學宗旨。換言之，即可知悉本文題旨下半部的「義」也。

章學誠自言「劉言史法，吾言史意；劉議館局纂修，吾議一家著述，截然兩途，不相入也」，是其自別於劉知幾重要的一句話，但此話並不見得全對。劉知幾有「史法」，所以撰成著史法式的《史通》，但《史通》固然以「史法」爲主，卻並非完全不知「史意」。劉知幾曾經自述「《史通》雖以史爲主，而餘波所及，上窮王道，下掞人倫，總括萬殊，包呑千有」，又說：「夫其爲義也，有與奪焉，有鑒誡焉，有諷刺焉。其爲貫穿者深矣，其爲網羅者密矣，其所商略者遠矣，其所發明者多矣」，〔註23〕含義崇高且遠大。其所言之史法史例，又何者不與「秉筆直書，善惡畢彰，眞僞盡露」的史意爲依歸？史家不盡此責，又何以能達天道之公意？所以史法史意，本爲表裏一體，並非截然兩途之事。許冠三說：「言史法者，必有其史意或史義存焉。苟無其意，法固無歸」。〔註24〕相對而言，章學誠亦非盡言史意，而完全不提史法。只是章

〔註21〕《章氏遺書・與族孫汝南論學書》，頁 502～504。
〔註22〕章學誠在〈與朱少白書〉中也說：「平日持論，關文史者，不言則已，言出於口，便如天造地設之不可動搖。」請參考拙著，《史學三書新詮》（台北：台灣學生書局，1997），頁 388～402。
〔註23〕《史通釋評・自敘》（台北：華世出版社，1981），頁 337。
〔註24〕許冠三，《劉知幾的實錄史學》（香港：香港中文大學出版社，1983），頁 163

學誠因欲自別於劉知幾，甚至欲自高於劉氏者，故太過強調於自己所長，反而在史意與史法之間的區分，略不能自明。至於下半句「劉議館局纂修，吾議一家著述」也並沒有截然兩途。蓋劉氏議館局纂修，斷送史統，與章氏欲承史統撰就一家之言，本如上言，是同一事體，難怪近世程會昌、傅振倫不贊同其言。〔註25〕

另外再從史學史的角度來論，唐代自史館官修歷史確立之後，章學誠即認為古來私家著述的傳統絕矣，其言曰：

> 獲麟而後，遷、固極著作之能，向、歆盡條別之理，史家所謂規矩
> 方圓之至也。魏晉六朝時得時失，至唐而史學絕矣。〔註26〕

接著又說：

> 其後如劉知幾、曾鞏、鄭樵皆良史才，生史學廢絕之後，能推古人
> 大體，非六朝諸儒所能測識；餘子則有似於史而非史，有似於學而
> 非學爾。然鄭樵有史識而未有史學，曾鞏具史學而不具史法，劉知
> 幾得史法而不得史意，此子《文史通義》所為作也。〔註27〕

這是章學誠兩度重覆申辯他與劉知幾不同的地方。此次他以史家應具備的才、學、識三長來觀察鄭樵、曾鞏（1019～1083）、劉知幾等人的長短。在章學誠的詞彙裏，史識代表義理，他以此贈與鄭樵；史學指考據，他以此屬之曾鞏；史才表示詞章，文中則未詳列其人，此或係章氏心目中，「識」、「學」都比「才」更為重要，一般史家即能擁有史才，故缺而漏談，〔註28〕而劉知幾則三長俱有，只是不得「史意」，故這是他「《文史通義》所為作也」的緣由。

因學誠兩度重覆申說與劉知幾不同之處即在於「史意」，《文史通義》的撰作即為了闡發「史意」。然則「史意」者何？從前引的上段話，他談到劉知幾、曾鞏、鄭樵雖生在唐代史學廢絕之後，但還能推溯古人史體的大體，而得史識、史學、史法。然則古人史學之大體又是何？則於茲又可追敘。章學

　～164。章氏之《方志略例》，多篇論及史法。

〔註25〕程千帆，《史通箋記》（北京：中華書局，1980），頁318；傅振倫，《唐劉子玄先生知幾年譜》（台北：台灣商務印書館，1982），頁15。

〔註26〕《文史通義·和州志志隅自敘》，頁398。

〔註27〕《文史通義·和州志志隅自敘》，頁398。

〔註28〕《文史通義》的〈說林〉，頁127；〈史德〉，頁147～150；〈詩話〉，頁165，皆強調「識」的重要。

誠在《文史通義·申鄭》有云：

> 孔子作《春秋》，蓋曰其事則齊桓、晉文，其文則史，其義則孔子自
> 謂有取乎爾。夫事即後世考據家之所尚也，文即後世詞章家之所重
> 也，然夫子所取，不在彼而在此，則史家著述之道，豈可不求義意
> 所歸乎？

他探求淵源，上溯至孔子《春秋》。孔子（551～479B.C.）寫《春秋》特重史
「義」，比較不重「事」、「文」。雖章學誠所撰《文史通義》，絕不類於《春秋》，
但他效法《春秋》著述之道，求其「義意所歸」。也就是重視史意，仍秉承孔
子而來的。因而，章學誠的史意，必須與上古孟子所說的事、文、義相結合
來看，才能得到其旨要，尤其是夫子的「其義則丘竊取之」。孔子重史義，雖
歷經後世各代史家，卻少有人進一步發揮，特別是從唐代以後史學廢絕，除
廬陵、晦菴之外幾乎乏人真正能夠掌握，章學誠鑑感於此，乃起而以撰述其
《文史通義》，重彈孔子的「史義」，他自信闡發「史義」，是一件發凡起例，
為後世開山的工作，所以才有上言。〔註29〕

　　復從章學誠所處乾嘉時期的學風來看，當時考據學勢如中天、學者多埋
首於古代經史的考校，獲得極大的成就，有名者如錢大昕（1728～1804）的
《廿二史考異》、王鳴盛（1722～1797）的《十七史商榷》、趙甌北（1727～
1814）的《廿二史箚記》、朱彝尊（1629～1709）的《經義考》等等，都極有
貢獻。章學誠對這種學風甚不以為然，而說：

> 高明者多獨斷之學，沉潛者尚考索之功，天下之學術，不能不具此
> 兩途。譬猶日晝而月夜，暑夏而寒冬，以之推代而成歲功，則有相
> 需之益；以之自封而立畛域，則有兩傷之弊。〔註30〕

他認為考據學之外，尚有所謂的「獨斷之學」，也就是以體現史意為主的一家
著述。他並指出高明與沉潛之間，或考據與史義之間是合則雙美，分則兩傷。

〔註29〕章學誠對歐陽修之《新五代史》，略有微詞，見《章學誠遺書》（北京：文物
　　　　出版社，1985）外編，〈丙辰箚記〉，頁389，及〈信摭〉，頁370中。都批評
　　　　歐陽修《五代史》之微意，只是村學究的《春秋》講義，不真知史學也。對
　　　　漢學與宋學之爭，章氏亦評漢學考索務博，宋學空談性天，可知其由史學角
　　　　度著眼，對宋代理學與明代心學評價亦不高。是故歷代雖有學者能提出史義，
　　　　但章學誠則重彈孔子史義，結合劉知幾所倡史才史學史識三長論，與當時乾
　　　　嘉學風的考據、辭章、義理形成其卓特史論，一家之言。
〔註30〕《文史通義·答客問（中）》，頁140。

章學誠倡史意之學，很明顯對當時的學風有挽正的作用，至少免於偏頗。雖然他的學說在當世並不流行，但他認為古來學術的發展，多一陰一陽，交相興替；一文一質，循環往復。〔註31〕其時「質」樸的考據學風，後來可能被多「文」的重義史風所替代。所以有識之士，不應當隨波逐流，人云亦云，而應當挽末世之頹風，開一代之新學。

從史學史和清初的時空背景來看，章學誠提倡史意，不僅對日趨僵化的考據學風具有挽正的現實意義，也有利於矯正唐代以後正史形同類纂的弊端，〔註32〕他在《文史通義》的許多篇章，都從不同角度來論述史意，要求史家「作史貴知其意」，如在內篇〈言公上〉說：

> 載筆之士，有志《春秋》之業，固將惟義之求，其事與文，所以藉為存義之資也。……作史貴知其意，非同於掌故，僅求事、文之末也。……此則史氏之宗旨也。苟足取其義而明其志，而事次文篇，未嘗分居立言之功也。

「貴知史意」乃是關係到「史氏之宗旨」的重點問題，確實是史之大體所在了。〈史德〉篇也說：「史所貴者，義也；而所具者，事也，所憑者，文也」。外篇〈方志立三書議〉亦云：「譬之人身，事者其骨，文者其膚，義者其精神也。斷之以義，而書始成家，而後有典有法，可誦可識，乃能傳世而行遠」；同外篇〈為張吉甫司馬撰大名縣志序〉又云：「志者，志也。其事、其文之外，必有義焉，史家著作之微旨也」。章學誠在上述篇章裏，都明確指出史事、史文、史意三者之中都互有關聯，他形象地比喻史意最為重要，猶如人之精神，而事、文則僅如膚、骨，乃受精神意志所左右所指揮的。〔註33〕以此觀之，章學誠強調史意是非常明顯而強烈的，因而有的學者直稱其學為「尚意史學」，以尚意思想作為其史學理論的核心，實際上是可以說得通，並能彰顯其治史宗旨的特色所在。〔註34〕

章學誠的史意，可解為史義，前引〈申鄭〉篇有云：「史家著述之道，豈可不求義意所歸乎」，是義、意並用之處，餘則或用「意」或用「義」，端視

〔註31〕《文史通義‧原學下》，頁48。
〔註32〕《文史通義‧答客問上》：「唐後史學絕，而著作無專家，……於是史文等於科舉之程式，胥吏之文移，而不可稍有變通矣。」見頁139。
〔註33〕《文史通義‧說林》篇有許多譬喻，可詳參，頁118～127。
〔註34〕廖曉晴，《史林巨匠：章學誠與史著》（瀋陽：遼海出版社，1997），頁156～161。

不同篇章不同場合而定，然其意略同。故歷來學者多通用之而無異議。他提倡的「史意」或用於論述國史，如歷代正史；亦用之於述地方之志，皆是精神指標。茲舉一、二例以具體說明：

1、國史方面：章學誠說「唐後史學絕，而著作無專家」，唐後正史，以元朝人所修的《宋史》最為蕪穢，不僅卷帙浩繁，行文如同案牘帳冊，讀後令人難得統要。為此，章學誠與好友邵晉涵（1734～1796）曾立志欲改寫其書，他想用新史體來寫《宋史》，其法是「乃紀傳之體，而參本末之法，增圖譜之例，而刪書志之名，發凡起例，別具〈圓通〉之篇，推論甚精，造次難盡，須俟脫稿，便為續奉郢質也」。〔註35〕他預估「是篇之所推，於六藝為支子，於史學為大宗，於前史為中流砥柱，於後學為蠶叢開山」，〔註36〕雖然後來邵晉涵早逝，而章學誠也為一家十幾口生活所逼迫，終究未能成書，但由他在《宋史》預先安排的體制來看，本紀、傳、表、圖都能表現史義之處。他提醒後人勿把史學著作寫成史料彙編。

2、方志方面：本文這裏只舉章學誠與戴東原爭議方志性質問題為例說明。乾隆卅八年癸巳夏，戴震修撰《汾州府志》、《汾陽縣志》，見到章學誠所修的〈和州志例〉，於是，戴震批評學誠：「夫志以考地理，但悉心於地理沿革，則志事已竟。侈言文獻，豈所謂急務哉？」章學誠為此而反駁說：「方志如古國史，本非地理專門。如云但重沿革，而文獻非其所急，則但作沿革考一篇足矣，何為集眾啓館？斂費以數千金，卑辭厚幣，邀君遠赴，曠日持久，成書且累函哉！且古今沿革，非我臆測所能為也」，他最後的結論是說寫沿革，仍須仰仗文獻，若不能兩全，他寧重文獻而輕沿革。〔註37〕章學誠從方志如古國史說起，提出「志屬信史」的說法以別於戴震的地理書。戴氏是經學家、考據學家，在他看來，方志唯沿革一項需要考證，至於歷史文獻等，基本情況清楚，故自然志事已竟，無須再做研究，但章學誠認為方志既是「國史之要刪」，便是一種詞尚體要的著述。既為著述，就必須體現史意。如此，方志始能成為經世之學，而有其存在的價值。有的學者以為戴、章之爭，表面上看是爭論地理沿革和歷史文獻何者為先，何者重要的問題，但實際上是考據學派與章學誠主張尚意史學，在方志學領

〔註35〕《文史通義·與邵二雲論修宋史書》，頁316。
〔註36〕《文史通義·書教下》，頁16。
〔註37〕《文史通義·記與戴東原論修志》，頁498～499。

域之中的爭執，〔註38〕可謂不爲無見。

　　章學誠的「史意」還可以在他的其他史學主張中如史學兩大宗門的撰述
與記注，六經皆史與經世致用之說，文士不可修史之評等等來發揮其領導作
用，筆者擬草另文發論，在此僅表過，不復深述。〔註39〕要之，就題旨所在
表述其「義」而已。總上可悉，史意即指歷史撰述中的思想，是史家精神所
在。但章學誠賦與它深刻內涵和崇高標準，他最後的標的是在：

　　　　以夫子「義則竊取」之旨觀之，固將綱紀天人，推明大道，所以通

　　　　古今之變而成一家之言者。〔註40〕

他以此成就其《文史通義》。史學必須掌握「綱紀天人，推明大道」，始具備
史義（意），唯其如此，才能稱得上是「成一家之言」的獨斷之學。

　　綜合上述來言，則章學誠的史意，確實在大部分的內涵上與劉知幾的史
法有所不同，至少論述方法上，兩家的取徑是截然不同的。劉知幾透過批評
唐代以前的史書編纂方式而建立其史法的理論；章學誠則又批評了劉知幾，
本節文中還包括了曾鞏、鄭樵、戴東原等人，而後自述他的獨斷一家之學原
是繼承孔子春秋史義而來。他批評了舊有傳統的史學，而又開發了它的新生
命。

（四）結　論

　　以上拆解《文史通義》的「通」與「義」，猶比解題一般，〔註41〕但終究
還是在釐清其所要通之義何在，文中以兩節析述，得悉章學誠的「通」具貫
通橫通之義，可作動詞用，亦可解爲史學的看法或思想，古人常用「通」字
表示其史學思想，如司馬遷在《史記》之中要「通」古今之變，劉知幾的《史
通》之通則在通識，鄭樵的《通志》則在會通，而章學誠的通，則在《文史
通義》中達到孔子的史義，即前述的「綱紀天人，推明大道」。章學誠另外一
書《校讎通義》，所要通之義，則在「辨章學術，考鏡源流」，最終要達到「推

〔註38〕廖曉晴，《史林巨匠》，頁223。

〔註39〕筆者另撰有〈史意：章學誠史學的神髓〉，在淡江大學文學院主辦的「第四屆
　　　　文獻學學術研討會──文獻的學理與應用」（2003.11.28～29）發表，收錄於
　　　　該研討會論文集中，詳請參閱本書第三篇。

〔註40〕《文史通義・答客問（上）》，頁138。

〔註41〕錢基博（1887～1957）有《文史通義解題及其讀法》（上海：龍虎書店，1935
　　　　增訂版），凡94頁，三萬餘言，惜筆者未見。

闡大義」「宣明大道」。此書今多附在《文史通義》之中，與《文史通義》最大的區別，其在於透過校讎學的本質及作用，用「著錄」宣明大道的。兩書最後的目的終究還是一樣，只是方式上、著重點有所不同。

即以本文開頭所述另外兩本以「通義」爲書目名稱的《白虎通義》和《風俗通義》，從目的上來論，一在藉經典與讖緯之結合，論證三綱五常的合理性及永恆性；一在藉考釋名物時俗，以正民風國俗，最後都是具有經世致用的目的。在這點來說，四本「通義」其實是並無二致。

章學誠在《文史通義‧浙東學術》中說：「史學所以經世，固非空言著述也。……學者不知斯義，不足以言史學也」；在〈史釋〉篇又說：「君子苟志於學，則必求當代典章，以切於人倫日用。必求官司掌故，而通於經術精微，則學爲實事而文非空言，所謂有體必有用也」，將「學爲實用」「學術經世」的奧蘊講得非常清楚，六經都是先王政典，是用來「經緯世宙」的。〔註42〕章學誠在許多篇章如〈易經上〉、〈經解上〉、〈經解下〉等也都申述其經世致用的看法，所謂：「文章經世之業，立言亦期有補於世」；〔註43〕「學問所以經世，而文章期於明道」，〔註44〕清楚道出「通義」的「綱紀天人，推明大道」也要落實到有益世教，明道經世上，對整個天下生民有利才可。史學無此任務，必形同槁木而無生機。章學誠《文史通義》的通義，最終目標，旨在斯哉。

〔註42〕《文史通義‧易教上》，頁2～3。
〔註43〕《文史通義‧與史餘村》，頁322。
〔註44〕《史文通義‧說林》，頁124。

三、史意——章學誠史學的神髓[*]

摘　要

　　章學誠（1738～1801）提出「史意」一說，是中國傳統史學理論中的一個高峰，與唐代劉知幾（661～721）的「史法」，同爲後世學者所並稱。然章氏自謂劉知幾知史法而不得史意，故撰作《文史通義》提倡之，以自別於劉氏。

　　因其書並無「史意」專篇，故本文主要目的即從不同層面、不同篇章來糾出或釐清貫串於全書之中的「史意」，並同時探討其所形成的史論。或謂從書中體察或揚抉其「史意」亦可。文中除略述章氏提出史意的背景及其內涵，並對其史論所欲達致的境界和目標，作一較爲充分的說明；暨而申明其「史意」一說對中國傳統史學的提昇與發展確有裨助，以驗證「史意」確係章氏史學的靈魂或精髓。

[*]　本文原係筆者於 2003.11.28～29 參加淡江大學文學院主辦「文獻的學理與應用——紀念章學誠逝世兩百年國際學術研討會」所發表之論文，後收於《章學誠研究論叢：第四屆中國文獻學學術研討會論文集》（台北：台灣學生書局，2005.2），頁 71～92。

（一）前　言

傳統中國史學中，唐代劉知幾（661〜721）的《史通》與清代章學誠（1738〜1801）的《文史通義》，素來被視爲史學理論的「雙璧」。清代百科全書式的《四庫全書總目提要》置之於史評類。在汗牛充棟、浩瀚無垠的史籍中，兩書無疑是獨樹一幟，別具特色。其主要理由即在於兩書並非是編年古史、紀傳國典抑本末紀事之專史，而是專門批評上古迄於清初這些不同體裁專史的專史，並且是最具批評性、系統性及理論性者。在中國古代史籍中，洵爲難得之作，中國史學之發展與進化，兩書亦與有功焉。

兩書雖俱屬史評類的著作，但規模、格局、氣質並不完全相同。劉知幾的《史通》是史學史上第一部史評專作，代表史學批評理論從其前文人的散論與史籍的附論中獨立出來而單獨成冊，從史學發展角度來言，無異是跨出一大步。《史通》分內外篇，內篇「皆論史家體例，辨別是非」；外篇「別述史籍源流及雜評古人得失」〔註1〕，亦即從評述唐代以前各家史著的得失優劣入手，以至於建立其個人的一家之言。章學誠則繼《史通》之後，撰《文史通義》對清代以前之史書體例有更廣泛的評述與更精深的探討，深度廣度甚至高度俱勝過劉知幾甚多。

章學誠晚出劉知幾千年左右，史學隨之變化亦多，佫長時間，歷經宋元明史學之發展，足資爲章學誠史學的憑藉與食糧，故章學誠得以踔肩於古人之上，放眼遠視，提出高論，形成中國傳統史學批評理論的另一個高峰，理應至常。唯其論實有出自劉知幾之影響甚深而終能另闢蹊徑，成就其一家獨斷之學者，誠不能不於此辨明之，並轉而得識其史學之高處。以下本文即針對此則分段專述之。

（二）由「史法」至「史意」

劉知幾撰述《史通》之緣由，在其書〈自敘〉篇有云，乃欲「辨其旨歸，殫其體統」。〔註2〕句中的「其」，泛指史書，劉知幾欲從古來史籍辨明宗旨歸

〔註1〕　《四庫全書總目提要》（北京：中華書局，1968 重刊），卷88。頁 807 下。《史通》分內、外篇，或本諸古書成例，蓋古多已有之，如《莊子》、《淮南子》、《抱朴子》，皆分內外篇，一般內篇是書中菁論，外篇則是補充或雜論。近人著書，如余英時，《論戴震與章學誠》（香港：龍門書局，1979）亦效古書分法，置內、外篇，即是一例。

〔註2〕　《史通釋評‧自敘》（台北：華世出版社，1981），頁 334。

趣，窮盡史書之體裁綱統，其中「有與奪焉，有褒貶焉，有鑒誡焉，有諷刺焉」，劉知幾予以一一評析，建立規範，成為後世史學之藥石。書成之後，其好友徐堅即說：「居史職者，宜置此書於座右」〔註3〕，清人錢大昕（1728～1804）亦說：「叢亭（劉知幾為彭城叢亭里人）之說，一時雖未施行，後世奉為科律」〔註4〕，可見劉知幾藉《史通》，展示其「史法」，而為後代史學之指南，可見其重要性。

從史學的角度觀察，劉知幾「史法」的提出，簡單地說，主要是由於魏晉史學發達，質、量均提升甚多，〔註5〕加之唐初修五代史志，多用文人，且由史館官修，斷送古來一家著述的史統，故私撰《史通》，揭櫫「史法」。從史體的長短得失，到史書編纂的形態與內容；從史料的搜集、鑒核與選用，文筆的技巧與方法，都備論無遺。大抵《史通》對唐代以前的史學作了全面的總括批評，但在史學思想上卻著墨較少。這點對後代的章學誠而言，似正是劉知幾留給他的「餘地」，供他繼續闡揚而發揮。

從史學史的立場來說，唐代自史館官修歷史確立之後，章學誠即認為古來的史學絕矣，其言曰：

> 獲麟而後，遷、固極著作之能，向、歆盡條別之理，史家所謂規矩方圓之至也。魏晉、六朝，時得時失，至唐而史學絕矣。

接著又說：

> 其後如劉知幾、曾鞏、鄭樵皆良史才，生史學廢絕之後，能推古人大體，非六朝、唐、宋諸儒所能測識，餘子則有似於史而非史，有似於學而非學爾。然鄭樵有史識而未有史學，曾鞏具史學而不具史法，劉知幾得史法而不得史意，此予《文史通義》所為作也。〔註6〕

此段話一來明確表明自己撰作《文史通義》即是要闡發史意。二來他談到劉

〔註3〕《舊唐書・劉子玄傳》（台北：鼎文書局，1978），頁3171。

〔註4〕錢大昕，《十駕齋養新錄》（台北：世界書局，1977，再版），卷13，史通條，頁303～304。

〔註5〕參逯耀東，〈從隋書經籍志史部的形成論魏晉史學轉變的歷程〉，《食貨用刊》復刊10：4（1980.7）；另參氏著，《勒馬長城》（台北：言心出版社，1977），頁141～171。或《魏晉史學的思想與社會基礎》（台北：東大圖書公司，2000），頁1～28。另拙著，《劉知幾史通之研究》（台北：文史哲出版社，1987）第一章第二節「唐代以前史學的特色」，亦參引梁任公、呂謙舉諸氏高見而寫成。可悉魏晉史學的發達，突過前代。

〔註6〕《文史通義・和州志隅自敘》（台北：華世出版社，1980），頁398。

知幾、曾鞏、鄭樵雖生在唐代史學廢絕之後，但還能推溯古人史學的大體，而得史識、史學、史法。然則古人史學之大體是何？則於茲又可追敘。章學誠在《文史通義‧申鄭》有謂：

> 孔子作《春秋》，蓋曰其事則齊桓、晉文，其文則史，其義則孔子自謂有取乎爾。夫事即後世考據家之所尚也，文即後世詞章家之所重也，然夫子所取，不在彼而在此，則史家著述之道，豈可不求義意所歸乎？

他探求淵源，上溯至孔子《春秋》。孔子寫《春秋》特重史「義」，比較不重視「事」、「文」。雖章學誠所撰《文史通義》，絕不類於《春秋》，但他效法《春秋》著述之道，求「義意之所歸」，也就是重視史意，仍秉承孔子而來。

因而，章學誠的史意，必須與上古孟子所說的事文義相結合來看，才能得其旨，尤其是夫子的「其義則丘竊取之」。孔子重史義，雖歷經後世各代史家，卻少有人進一步發揮，特別從唐代以後史學廢絕，除廬陵、晦菴之外更是乏人提起，章學誠有感於此，乃起而以撰述其《文史通義》重彈「史義」。他自信闡發史義，是一件發凡起例，為後世開山的工作。他說：「吾於史學，蓋有天授，自信發凡起例，多為後世開山，而人乃擬吾於劉知幾。不知劉言史法，吾言史意；劉議館局纂修，吾議一家著述，截然兩途，不相入也」。〔註7〕

在《文史通義》問世之後，有人即以之與《史通》相比，而曰可相媲美，謂為雙璧。甚至有人因而稱呼章學誠為「國朝之劉子元」，但他不僅不高興，反而一違常情而以「史意」極力自清有別於劉氏之「史法」，並兩度重複申辯。〔註8〕

再從清代乾嘉時期章學誠所處的時代學風來看，當時考據學勢如中天，學者多埋首於古史的考校，獲得極大的成就，有名者如錢大昕的《廿二史考異》、王鳴盛（1722～1797）的《十七史商榷》、趙甌北（1727～1814）的《廿二史箚記》、朱彝尊（1629～1709）的《經義考》等等都極有貢獻。他在《文史通義‧答客問中》對這種學風甚不以為然，而說：

> 高明者多獨斷之學，沉潛者尚考索之功，天下之學術，不能不具此兩途。譬猶日晝而月夜，暑夏而寒冬，以之推代而成歲功，則有相需之益；以之自封而立畛域，則有兩傷之弊。

〔註7〕《文史通義‧家書二》，頁365。
〔註8〕即註6及註7所引兩份資料。

章學誠認爲考據學之外，尚有所謂的「獨斷之學」，也就是以體現史意爲主的一家著述。他並指出高明與沉潛之間，或考據與史義之間是合則雙美，分則兩傷。章學誠倡史意之學，很明顯對當時的學風有挽正的作用，至少免於偏頗。雖然他的學說在當世並不熾盛，但他認爲古來學術的發展，多一陰一陽，交相興替；一文一質，循環往復。〔註9〕其時「質」樸的考據學風，後來可能被多「文」的重義史風所替代。所以他以爲有識之士，不當隨波逐流，人云亦云，而應當挽末世之頹風，開一代之新學。

從史學史和清初的時空背景來看，章學誠提倡史意，不僅對日趨僵化的考據學風具有挽正的現實意義，也有利於矯正唐代以後正史形同類纂的弊端，〔註10〕他在《文史通義》的許多篇章，都從不同角度來論述史意，要求史家「作史貴知其意」，如在內篇〈言公上〉說：

> 載筆之士，有志《春秋》之業，固將惟義之求，其事與文，所以藉爲存義之資也。……作史貴知其意，非同於掌故，僅求事、文之末也。……此則史氏之宗旨也。苟足取其義而明其志，而事次文篇，未嘗分居立言之功也。

「貴知史意」乃是關係到「史氏之宗旨」的重點問題，確實是史之大體所在了。〈史德〉篇也說：「史所貴者，義也；而所具者，事也；所憑者，文也」。外篇〈方志立三書議〉亦云：「譬之人身，事者其骨，文者其膚，義者其精神也。斷之以義，而書始成家，而後有典有法，可誦可識，乃能傳世而行遠」；同外篇〈爲張志甫司馬撰大名縣志序〉又云：「志者，志也。其事、其文之外，必有義焉，史家著作之微旨也」。章學誠在上文裏，都明確指出史事、史文、史意三者之中都互有關聯，他形象地比喻史意最爲重要，猶如人之精神，而事、文則僅如膚、骨，乃受精神意志所左右所指揮的。以此觀之，章學誠強調史意是非常明顯而強烈的，因而有的學者直稱其學爲「尚意史學」，以尚意思想作爲其史學理論的核心，實際上是可以說得通，並能彰顯其治史宗旨的特色所在。〔註11〕

章學誠的史意，可解爲史義，前引〈申鄭〉篇有云：「史家著述之道，豈

〔註9〕 《文史通義·原學下》，頁48。

〔註10〕 《文史通義·答客問上》：「唐後史學絕，而著作無專家，……於是史文等於科舉之程式，胥吏之文移，而不可稍有變通矣。」見頁139。

〔註11〕 廖曉晴，《史林巨匠：章學誠與史著》（瀋陽：遼海出版社，1997），頁156～161。

可不求義意所歸乎」，是義、意並用之處，餘則或用「意」或用「義」，端視不同篇章不同場合而定，然其意均同。故歷來學者多通用之而無異議。他提倡的「史意」或用於論述國史，如歷代正史；亦用之於述地方之志，皆是精神指標。他最終則是「以夫子義則竊取之旨觀之，固將綱紀天人，推明大道，所以通古今之變而成一家之言者」〔註12〕，成就其《文史通義》。

就上述來言，則章學誠的史意，確實在大部分的內涵上與劉知幾的史法有所不同，至少論述方法上，兩家的取徑是截然不同的。劉知幾透過批評唐代以前的史書編纂方式而建立其史法的理論；章學誠則又批評了劉知幾，文中還包括了曾鞏、鄭樵等人，而後自述他的獨斷一家之學原是繼承孔子春秋史義而來。他批評了舊有傳統的史學，而又開發了它的新生命。

（三）「史意」的遍陳敷設

「史意」既爲章學誠史學大端要則，其滲透、浸潤於其史學各方面主張之中，經剖析揚抉之後遂可明見，其犖犖之大要者，可臚舉如後。

1、史學體例

古史有編年、紀傳兩體，宋後又增本末、綱目，近代則復加章節一體，是史書體裁的主要形式。雖各體皆曾獨領風騷若干年，但平心而論，影響最大，時間最長者莫過於紀傳體。然紀傳體有通古型者若《史記》，斷代型者若《漢書》，《漢書》而後，斷代即爲史體大宗。劉知幾、章學誠論馬、班通史斷代者頗多，大致劉主乙馬甲班，章則適反之。何以若此？粗略言之，大抵唐代以前，《漢書》名氣在《史記》之上，宋代而後，則馬在班上。劉、章兩氏之見解，皆與時代背景若合符節，反映眞實。然稍細再言，則劉、章之中出有宋代鄭樵（1104～1162）一氏，力倡著述通史亦甚有關聯。基本上，鄭樵以爲斷代爲書，必失「相因」之義，以致史事無法「會通」，而無法了解整個歷史發展脈絡，亦看不出前後因果關聯，所以他立意著作通史，欲恢復古有傳統，最終「獨取三千年來遺文故冊，運以別識心裁，蓋承通史家風，而自爲經緯，成一家言者也」〔註13〕，撰就了《通志》，復興了「其體久廢」的「史記家」〔註14〕，成爲史學史上現存的第二部紀傳體通史。

〔註12〕《文史通義・答客問上》，頁138。
〔註13〕《文史通義・申鄭》，頁136。
〔註14〕《史通通釋・六家》，頁23。

然鄭樵在《通志》上批評歷代史家史事，招致後人詰難，如南宋陳振孫謂其「博物洽聞，然頗迂僻」、「雖自成一家，而其師心自是」；馬端臨（1254～1323）說他「譏訕前人，高自稱許」，清代錢大昕、王鳴盛、戴震（1724～1777）、周中孚對鄭樵的言論也很反感，故有謂之「樵獨以博洽著稱，傲睨一世，縱論秦漢以來著述家，鮮有當其意者」，甚至說他「大言欺人」「賊經害道」的。〔註 15〕此其中，尤以戴震對鄭樵的批評更是章學誠想奮起而為鄭樵辯護的。他自述癸巳（1773）在杭州，「聞戴君震，與吳處士穎芳談次，痛詆鄭君《通志》，其言絕可怪笑」，〔註16〕因他為鄭樵抱不平，而說：

> 學者少見多怪，不究其發凡起例，絕識曠論，所以斟酌群言，為史學要刪；而徒摘其援據之疏略，裁翦之未定者，紛紛攻擊，勢若不共戴天。……夫鄭氏所振在鴻綱，而末學吹求，則在小節。……自遷固而後，史家既無別識心裁，所求者徒在其事其文，惟鄭樵稍有志乎求義。〔註17〕

章學誠在為鄭樵辯護之餘，並申論了自己的學說見解，他指出馬、班之後的史家，只在史事、史文上下工夫，而無別識心裁，只有鄭樵稍有志乎史義，終於點出他支持鄭樵的最大原因即在於史義（意）。衡諸上節所言，可以看出章學誠的批評與護衛，是有理論做基礎的。鄭樵的排斥斷代倡導通史，在理學當道的宋代並不吃香；章學誠寫《文史通義》、《校讎通義》在乾嘉考證學風之下，亦不盛行，然兩人的史論卻一脈相承。章學誠申鄭揚馬即在於「通義」，他曾在《文史通義·釋通》說：「夫通史人文，上下千年，然而義例所通，則隔代不嫌合撰」，並進而指出通史有「六便二長」和「三弊」〔註18〕，其中「三弊」則是一味提倡通史的鄭樵所未詳悉的。

〔註15〕 陳振孫，《直齋書錄解題》卷二；馬端臨，《文獻通考》；戴震，《戴震文集》卷九〈與任孝廉植書〉；丁丙，《善本書室藏書志》卷三十。並參吳懷祺，〈通志的史學批評〉，《史學史研究》1988：4，頁20。

〔註16〕 《文史通義·答客問上》，頁137，章氏雖然很多地方反對戴震，但事實上受戴氏影響很深。學誠以為時人達儒當中唯戴氏可以「深悉古人大體，進窺天地之純」，見〈答郡二雲書〉，頁320。另可參劉節《中國史學史稿》（河南：中州書畫社，1982）十九、〈章學誠的史學〉，頁337～381。

〔註17〕 《文史通義·申鄭》，頁136～137。

〔註18〕 《文史通義·釋通》，頁13。章氏云：「通史之修，其便有六：一曰免重複，二曰均類例，三曰便銓配，四曰平是非，五曰去牴牾，六曰詳鄰事。其長有二：一曰具剪裁，二曰立家法」三弊則是「一曰無短長，二曰仍原題，三曰忘標目」。

通史體例並不限於政軍情事，典制史亦有通史。章學誠對《三通》之中的《通志》與《文獻通考》也有批評。他對鄭樵的《通志》評價說：「其範圍千古，牢籠百家者，惟創例發凡，卓見絕識，有以追古作者之原。自具《春秋》家學耳」；〔註19〕對馬端臨的《通考》則評曰：「此乃經生決科之策括，不敢抒一獨得之見，標一法外之意，而奄然媚世為鄉愿，至於古人著書之義旨，不可得而聞也」，〔註20〕兩部同為通史體裁的典制史，卻因史義的因素，而有霄泥之判。

綜上可悉，史學體例有斷代、通貫之別。章學誠申鄭揚馬而主通史，但他亦不反對斷代史，他評定史書的好壞，並不必然決定於體例，而是在於「史意」的有無。

2、史學宗門

劉知幾談「為史之道，其流有二」，一是後來筆，一是當時簡。〔註21〕前者指史學，後者指史料。劉氏說法主要是按史體，即從形式上不同來區分的；到了章學誠則明確從史籍性質與作品的不同，將之區分為「撰述」而「記注」兩大類，其言曰：

> 三代以上，記注有成法，而撰述無定名，三代以下，撰述有定名，而記注無成法。夫記注無成法，則取材也難；撰述有定位，則成書也易。〔註22〕

簡單說：「記注」即是史料，「撰述」則是一種著作。兩者之間，有一定的分別和連繫。其連繫在於記注是撰述的憑藉，根據記注，由作者寫成「專家之學」的「撰述」，兩者相因相成。其分別在於記注是原始材料，是纂輯、類比之書；撰述在其觀念中，則必須合乎獨斷之學、一家絕學。兩者雖殊途而不相害。

章學誠論述兩大宗門的區別時，還常以「圓而神」和「方以智」，「藏往德方」「知來德圓」形容撰述與記注應具備或到達的境地。〔註23〕換言之，「撰述」、「記注」與「藏往」、「知來」、「圓神」、「方智」都要完全相應配合，章

〔註19〕《文史通義·申鄭》，頁137。
〔註20〕《文史通義·答客問》，頁141。
〔註21〕《史通釋評·史官建置》，頁371。
〔註22〕《文史通義·書教上》，頁7。
〔註23〕詳文請參《文史通義·書教》，頁12及同書〈禮教〉篇，頁25～26。可悉。

學誠的用意，不外乎要讓人明白史學有此兩大宗門。甚至他還使用過「著述」、「比類」兩詞〔註24〕，其實也是撰述與記注的同義詞。這些名詞都由「撰述」與「記注」所衍發而來的。

兩大宗門之間的關係，章學誠在〈報黃大俞先生〉一文中說：「兩家本自相因而不相妨害。……蓋著述譬之韓信用兵，而比類譬之蕭何轉餉，二者固缺一而不可。」蕭、韓兩人的合作，終致擊敗西楚霸王，爲西漢王朝奠定勝基。學誠舉出此例，實貼切而又傳神，既說明了兩者的主次地位，也說明兩者交相爲用的密切關係。對章學誠而言，史學是用來「明道」，即「即器以明道」，故其用意在推崇「撰述」，提倡獨斷，反對因循；肯定家學，藐視官修，這對乾嘉時期以苴襞績，鈔纂排比爲絕大學問的漢學家，無疑是一嚴重批判，因而極具現實意義。總之，史學兩大宗門的說法，可說是章學誠的非常特識，也是他在史學史上的一大貢獻。〔註25〕

章學誠運用兩大宗門的分類原則，重新審定一些有名的史籍，如他對《通志》即認爲是一部「撰述」之書，但對《通考》則評：「鄭君……不幸而與馬端臨之《文獻通考》並稱於時，而《通考》之疏陋，轉不如是之甚，末學膚受，本無定識，從而抑揚其間，忘相擬義，遂與比類纂輯之業，同年而語，……豈不誣哉？」〔註26〕。章學誠爲世人並列《三通》，而替鄭樵抱屈，深感不平。這兩本書最大的不同點，即在《通志》講究「會通之旨」，而馬書則在「博聞而強識」而已。對於章學誠平生治學講究「成一家之言」來說，當然就會有不同的評價了。

再說二十四正史，章學誠只承認「前四史」是撰述之業，而唐後官修之正史則皆爲記注。他在《文史通義·答客問上》有說：

〔註24〕《文史通義·報黃大俞先生》有云：「古人一事必具數家之學。著述與比類兩家，其大要也。……兩家本自相因，而不相妨害。拙刻〈書教〉篇中所謂圓神方智，亦此意也。但爲比類之業者，必知著述之意，而所次比之材，可使著述者出，得所憑藉，有以恣其縱橫變化。又必如己之比類與著述者各有淵源。而不可以比類之密，而笑著述之或有所疏。比類整齊而笑著述之有所畸輕畸重，則善矣。蓋著述譬之韓信用兵，而比類譬之蕭何轉餉。二者固缺一而不可。而其人之才，固易地而不可爲良者也」，見頁297。又〈與邵二雲論修宋史書〉亦云：「圓神方智，定史學兩大宗門。而撰述之書不可律以記注一成之法」，見頁316。
〔註25〕吳天任，《章學誠的史學》（臺北：台灣商務印書館，1979），頁12。
〔註26〕《文史通義·申鄭》，頁137。

陳、范以來，律以《春秋》之旨，則不敢謂無失矣。然其心裁別識，
家學具存，縱使反脣相譏，至謂遷書退處士而進姦雄，固書排忠節
而飾主闕，要其離合變化，義無旁出，自足名家學而符經旨；初不
盡如後代纂類之業，相與效子莫之執中，求鄉愿之無刺，侈然自謂
超遷軼固也。若夫君臣事蹟，官司典章，王者易姓受命，綜核前代，
纂輯比類，以存一代之舊物，是則所謂整齊故事之業也。開局設監，
集眾修書，正當用其義例，守其繩墨，以待後人之論定則可矣，豈
所語於專門著作之倫乎？

文中指出前四史足稱撰述，是因爲基本上能上稟孔子的《春秋》遺風，重視
史義的經世作用，而唐代以後諸正史，卻如政府公文一樣，雖有內容，但思
想、觀點卻十分貧乏，所以只能算是記注。〔註27〕

　　由上顯見，章學誠的「撰述」之道，其核心內容還是他歷來所反覆強調
的史意或史義。

3、史才三長

　　三長論原是劉知幾所提出的，他入史館爲正式史官二十年來，對官修史
書制度弊害有一定的認識和批評，他特別感受到史官是要有一定的素質和條
件才能勝任，因而提出三長說。至清代章學誠，承襲其說，以〈史德〉爲題，
正式抒論三長之說，是重要相關文獻之一。

　　以往劉知幾對才、學、識三長，並沒有詳密的定義，因而其內涵外延並
不十分清楚，因而引來後世不少爭議，迄章學誠乃在〈史德〉篇中借用：「記
誦以爲學也，辭采以爲才也，擊斷以爲識也。」指出非眞才學識，予才、學、
識一簡單明確的概括，不再是一模糊不清的概念，並從此論述三者之間的關
係。他以爲三者關係密切而缺一不可，但以「識」最爲重要，處於主導地位，
而「才」與「學」則處於附屬地位。他曾形象地比喻說：「文辭，猶舟車也；
志識，其乘者也」又說：「學問文章，聰明才辨，不足以持世；所以持世者，
存乎識也」，〔註28〕都說明了才、學、識三者的關係並強調「識」的重要。他
的論說、界定、比喻都與劉知幾不同，但神旨是一致的，尤其他把三長論與

〔註27〕《文史通義・書教下》：「後史失班史之意，而以紀表志傳，同於科舉之程式，
　　　　官府之簿書，則於記注撰述，兩無所似，而古人著書之宗旨，不可復言矣。」
　　　　見頁13～14。
〔註28〕《文史通義・說林》，頁122。

孔子的作史之道「事」、「文」、「義」作一結合，並展衍其說，可知章學誠深化了三長論，其說大致可以寫成「才／文／辭章」、「學／事／考據」、「識／義／義理」這樣一個簡略的系統，便於理解。他以為史家具備史才者必長於史文，具史學者必長於史事，具史識之素質者必長於史義。身為史家，兼具三長，是最理想的標準，三長亦須相輔相成，廢一不可，但劉知幾已言：「自敻古已來，能應斯目者，罕見其人」，〔註29〕章學誠也說：「主義理者拙於辭章，能文辭者疏於徵實，三者交譏而未有而已也」〔註30〕，兩人之論辭，誠有其至理，揆之今世，其理恆通。

　　章學誠論述三長時，並未另立「史德」一目以成其所謂的「四長論」，他在〈史德〉篇有云：「能具史識者，必知史德」，這點隱然受到劉氏影響可知。〈史德〉篇之外，他在〈雜說〉、〈說林〉、〈申鄭〉等篇中，每提到史家條件時，都指稱才、學、識而已，不曾言及「史法」。即使後於〈史德〉篇之後才撰寫的〈文德〉篇，仍然只稱三長，並未多加一長，可知素來以為劉氏三長，章氏則有四長之論者，其實是未必正確的。然章學誠以「史德」來展論三長，確實是以新的角度切入重新發論，加之梁任公等人的提倡與使用，使得才、學、識、德頗似一新的組合。此處專看其「德」是否有新意？章學誠說：「德者何？謂著書者之心術也」，他指的是史家著史時應秉持的公正心態之謂。章學誠以為舊史多有曲筆迴護、不據事直書之例，前人多所揭露和批評，其書也就不可能造成大害。有如他所舉例的：

> 夫穢史者所以自穢，謗書者所以自謗，素行為人所羞，文辭何足取重！魏收之矯誣，沈約之陰惡，談其書者，先不信其人，其患未至於甚也〔註31〕。

反而可怕的是所謂「所患夫心術者，謂其有君子之心而所養未底於粹也。」也就是那些自以為持有公心，但學養火候還不到家的人。章學誠認為學養不底於粹確實會影響到史德。他另句話說的很好：

> 陰陽伏沴之患，乘於血氣而入於心知，其中默運潛移，似公而實逞於私，似天而實蔽於人，發為文辭，至於害義而違道，其人猶不自知也。固曰心術不可不慎也。〔註32〕

〔註29〕《舊唐書·劉子玄傳》（台北：鼎文書局，1979），頁3172。
〔註30〕《文史通義·說林》，頁122。
〔註31〕《文史通義·史德》，頁147。
〔註32〕《文史通義·史德》，頁148～149。

這種「猶不自知」的情況下，寫出來的史事，比起有意曲筆迴護、不據實而書危害是更大的，因爲是人讀其書反而認爲合情入理，難於發現內部的不實之處。所以，章學誠最後提出一個高標準的看法：

> 蓋欲爲良史者，當愼辨於天人之際，盡其天而不益以人也。盡其天而不益以人，雖未能至，苟允知之，亦足以稱著書者之心術矣。而文史之儒，競言才學識而不知辨心術也，以議史德，烏乎可哉！
> 〔註33〕

至此，可以發現章學誠論「史德」「史識」，已跟劉知幾大有不同。此處應先了解「愼辨於天人之際」。由前述已知章學誠本亦以爲史德喻於史識之中，而「識」是用以「斷義」的，亦即「非識無以斷其義」，與擊斷爲識有別。他又說：「史之義出於天」，以今語釋之，即「史義」是存在於客觀史實當中，這是史識史德所要達到的目標。但如何將客觀史事眞實地反映在人之主觀當中呢？此則需要處理「天」與「人」之間的關係，故「盡其天而不益以人」即是處理好這種關係的重要原則。這句話是什麼意思？茲借錢穆先生的話來解釋：「拿現在話講：只是要客觀地把事實眞相寫出，這即是『天』了，但不要把自己人的方面加進去，這事極不容易」。〔註34〕這是章學誠史德論的核心，素爲學界所推重〔註35〕，即因此事不容易，故須具有三長論者始能達之。此即所謂的辨心術的史德觀。簡單言之，其邏輯關係即史識用以斷義，史識包括（含「等於」之意）史德。故「辨心術」即是「斷義」不可缺少的一項基本前提和態度。在論證之間，正是學誠深化或展衍知幾的史德說。兩者相較之下，知幾的史德說似乎單純許多，他未提及天人之際。至於著書者之心術如何影響其所撰述之史？〈史德〉篇又說：

> 史之義出於天，而史之文不能不藉人力以成之；人有陰陽之患，而史文即忤於大道之公，其所感召者微也。……史之賴於文也，猶衣之需乎采，食之需乎味也。采之不能無華樸，味之不能無濃淡，勢也；華樸爭而不能無邪色，濃淡爭而不能無奇味；邪色盲目，奇味

〔註33〕《文史通義·史德》，頁147～148。
〔註34〕錢穆，《中國史學名著》（台北：三民書局，1973）第二冊，頁329。又可參甲凱，〈史法與史意〉，《輔大人文學報》第六期（1977.6），頁14。
〔註35〕施丁認爲：「當愼辨於天人之際，盡其天而不益以人」這個看法，在古代史學上是一個新的光輝思想，比劉知幾的『直書』論前進了一大步。見氏著，〈章學誠的史學思想〉，《史學史研究》1981：3，頁61。

> 爽口，起於華樸濃淡之爭也。文辭有工拙，而族史方且以是爲競焉，
> 是舍本而逐末矣。以此爲文，未有見其至者；以此爲史，豈可與聞
> 古人之大體乎！

撰史的義例是客觀存在的，而撰述的過程中必然要通過主觀的抉擇，此時「著
書者的心術」即是關鍵，能否符合「大道之公」既是問題，也是目標。學誠
也認識到史家在認識或撰寫歷史時不可能不會遇到一些主客觀的矛盾，按照
他的話即「天與人參」的現象，那就要設法解決天人一致的問題，爲此，他
反對「違理以自用」「汩情以自恣」等主觀偏激行爲，而強調態度平正，「氣
合於理」「情本於性」〔註36〕，從而力求「盡其天而不益於人」，就可達到天
人一致的公正大道了。

由以上的論述可知，自劉知幾倡三長論以來，其中還是以章學誠的發明
最多，尤其將三長說之中的史識史德史義的關係，闡發無遺，而窮於天人之
際，蓋爲三長說之極致也。

4、史官立傳

劉知幾、章學誠對史官的要求，是史才三長俱備最佳，若無法完全達到，
則以史識最要，備之即可稱爲良史。有關史官來源，兩氏皆有嚴格之評議，
皆以爲文人不可爲史官，蓋因文人撰史，只能苟衛文采，不知史法史意，忽
略大體，只取小道，做不到劉知幾所謂的「銓綜之識」〔註37〕或章學誠所稱
之「陶鑄成文」〔註38〕，結果反致以文害義，不達史旨。因而主張不應簡選
經生、文士入館參與修史，這種現象必須終止，否則將嚴重影響史學發展。

另外，章學誠還主張正史應爲史官立傳，爲何？章學誠在與子孫家書中
提到：「廿三、四時所筆記者，今雖亡失，然論諸史，於紀、表、志、傳之外，
更當立圖；列傳於〈儒林〉、〈文苑〉之外，更當立〈史官傳〉。此皆當日之舊
論也，惟當時見書不多，故立說鮮所徵引耳，其識之卓絕，則有至今不能易
者」。〔註39〕在唐代開設史館之後，古來私門撰述之史學傳統幾致廢絕，反映
史家的內容，只能附錄於他人列傳之後，或是文士閑談時偶爾提及，學誠對
此現象殊爲不滿，以爲不立〈史官傳〉，不僅無理地剝奪史家應有的學術地位，

〔註36〕《文史通義・史德》，頁148。
〔註37〕《史通釋評・覈才》，頁290～291。
〔註38〕《文史通義・跋湖北通志檢存稿》，頁159。
〔註39〕《文史通義・家書六》，頁369。

使中國幾千年來代代相承的史學發展脈絡，因人為因素而源流不明，尤其唐宋官局修書，乃出於眾手輯緝，良莠不齊，反映參加編寫者的背景資料就變得十分重要，因而如果正史之中，能立〈史官傳〉，就可考察出編撰者的學識與人品的高低，且符合文責自負的原則，藉此分辨出其中的曲筆不實、剽竊迴護之處。然而唐、宋史館監領不知〈史官傳〉之重要，遂使「經生帖括，詞賦雕蟲，並得嘵啾班、馬之堂，攘臂汗青之業者矣」〔註 40〕，因此，章學誠主張增設〈史官傳〉，增設自可擴大史域，唯此則亦可歸之於新史體之一。

　　所可注意者，學誠主張增設〈史官傳〉，與其歷來強調之史意，亦有密切關係。其云：

> 墳籍具存，而作者之旨，不可不辨也。古者史官，各有成法；辭文旨達，存乎其人。孟子所謂其文則史，孔子以謂義則竊取。明乎史官法度不可易，而義意為聖人所獨裁。然則良史善書，亦必有道矣。
> 〔註 41〕

文中之「旨」，即指史意，說明史意存乎史家心中，故應立〈史官傳〉，以昌明史意。又說立〈史官傳〉，「則《春秋》經世，雖謂至今存焉可也」；不立，「乃使《春秋》家學，塞絕梯航，史氏師傅，茫如河漢」〔註 42〕是知學誠主張立〈史官傳〉，乃希望孔子《春秋》之義的精神注入其中，使之代代相傳，發揚光大，以重新恢復中國古代史學重史意之優良傳統。

（四）結　論

　　章學誠自述其撰作《文史通義》是因為劉知幾只知「史法」而不知「史意」，故就「史意」歸趨於孔子《春秋》之意，「固將綱紀天人，推明大道，所以通古今之變，成一家之言者」而撰就其名山之作。然史法史意是否截然可分？則似又不盡然。許冠三言劉知幾所言之史法史例，何者不與「秉筆直書，善惡畢彰，真偽盡露」的史意為依歸？史家不盡此責，又何以能達天道之公意？故許氏以為「言史法者，必有其史意或史義存焉。苟無其意，法固無歸」〔註 43〕，相對而言，章學誠亦非盡言史意，而完全不提史法。瞿林東

〔註 40〕《文史通義・和州志前志列傳序例》，頁 417。
〔註 41〕《文史通義・和州志前志列傳序例》，頁 415～416。
〔註 42〕《文史通義・和州志前志列傳序列》，頁 416。
〔註 43〕許冠三，《劉知幾的實錄史學》（香港：香港中文大學出版社，1983），頁 163

亦以為劉氏之「史法」與章氏之「史意」，是古代史學批評中兩個相互聯繫的不同側面，也是兩個相互作用的不同層次，兩者俱有重要的理論價值。〔註44〕

　　由上知章學誠提出的「劉言史法，吾言史意」，事實上並非絕對。但章學誠在論述方法的取徑以及大部分內涵上，是與劉知幾的史法相當的不同。從前文所析述的，可知劉章兩氏在史學理論上都很主張「通」，但章學誠更重視「義」，他的文史觀是要通達到史義的，他結合孔孟的事、文、義與當時學風之「考據、辭章、義理」而形成其「尚意史學」，他強調史學之「義意所歸」，須與「別識心裁」、「獨斷之學」、「一家之言」相一致。在史學體例上，他以為劉知幾對《史記》的批評或對《漢書》的推崇，都著眼於「史法」，即注重其形式和內容，而未觸及「撰述之旨」，他以為應重後者。在史學宗門上，劉氏從史體形式區分史料與史學，稱為「當時簡」與「後來筆」；章氏則從史籍性質與功能作用區分「記注」與「撰述」，但他的目的主要還是在「撰述之道」，也就是核心內容仍在史意或史義上。在史才三長論上，章學誠在劉知幾提出的才、學、識之基礎上，又結合事、文、義及義理、辭章、徵實，賦予新內涵，尤其史識、史德與史義的整合論述，特別值得吾人注意。至於主張在正史裏立〈史官傳〉亦不外乎將孔子《春秋》之義的精神灌注其中，使之代代相傳，以恢復中國古代史學重史意之優良傳統。

　　章學誠自言其《文史通義》義論廣闊，乃「為千古史學闢其蓁蕪」，〔註45〕雖略嫌自我標榜，但實際由其書中所論，卻可感受到字裏行間充滿誠懇願望和良苦用心，他以「史意」為神髓的史論，貫串於其《文史通義》之中，確實提昇了中國史學特別是史學理論的層次和高度，值得再三肯定。

　　　～164。章氏之《方志略例》，多篇論及史法。
〔註44〕瞿林東，《中國古代史學批評縱橫》（北京：中華書局，1994），頁58～59。
〔註45〕《文史通義‧與汪龍莊書》，頁329。

四、章學誠史學思想探源[*]

摘　要

　　章學誠史學思想的深層，實是認同於孔子的《春秋》一家絕學與馬遷「究天人之際，通古今之變」的《史記》一家言。文中分四則述：「通識觀念」是古來名家多所具備，章氏自未例外，而欲以「史以明道」「明道經世」綱紀天人，經緯世宙，乃其核心觀念；「批判精神」則呈現在反對清初漢宋兩學之爭，提倡經世濟用，並主新史體與方志學以史明道，增擴史學大用；「懷疑精神」述章氏貢獻在提出〈闕訪傳〉，然其於古書古事尤其三代，則或尊美太過而致不能傳疑，妨害歷史求真之史義；「進步觀念」則是史書的靈魂，內文詳析其遠略近詳的書法觀念及人類社會進步觀點，唯其如此，方能發覆前人所未明，建立史學上決定性見解，而成其傳世不朽之業。

---

*　本文原刊於《國立台灣師範大學歷史學報》第 21 期（台北，1993.6），頁 21～80。原題作〈「史學三書」之史學思想及其比較〉，今刪選文中有關章學誠史學思想本源部份改作今題。

（一）前　言

　　章學誠（清乾隆 3 年生，嘉慶 6 年卒，1738～1801）是中國史學史上的一大名家，其地位與重要性，約略可從梁任公的話覘知，氏說「自有史學以來二千年門，得三人焉」。〔註1〕在唐劉知幾，在宋則鄭樵，在清則是本文所欲抒論的章學誠，其學說在《文史通義》。任公以爲要研究中國史學的發展和成立，不能不研究此三人。〔註2〕呂思勉、張舜徽亦持相同見解〔註3〕，可見其要；另又有謂《文史通義》與劉知幾的《史通》同爲古代史學理論的「雙璧」，或有謂章學誠乃「國朝之劉子元」，皆顯見章學誠及其《文史通義》，無論在史學史或史學理論，乃至史學批評理論上，都有其特殊的地位與卓越的貢獻，因而本文擬在探討其生平與著作之關係外，於此先針對章氏其人於其書上所憑藉肆論的史學思想，略作發微闡幽的梳理，文中試以「通識觀念」「批評精神」「懷疑精神」「進步史觀」四項重點分別提敘作者的理念運作，冀可對章學誠史學本源，獲得初步的正確認識。

（二）通識觀念

　　章學誠著述《文史通義》或《校讎通義》，書名皆稱「通」，略可解爲對廣義的歷史要求通貫。然則此義實不自章學誠始，其來已久。《淮南子》牢籠天地博極古今，史遷「究天人之際，通古今之變」，劉知幾「上窮王道，下掞人倫」，鄭樵「會理通道」以協古今之變……等等，皆在章學誠之先即已倡議通識觀點。然因時空迥異，諸家包含章氏在內，體會各殊表述因之而異，下文即專陳章氏通識觀點。

　　章學誠的史學思想，都薈萃在《文史通義》之中，該書縱論文史，品評古今學術。既是史學評論的專著，又是文學批評的傑作，然而其中心論點恐

〔註1〕梁啓超，《中國歷史研究法附補篇》（台北：台灣中華書局，1973，台3版），頁24。

〔註2〕梁啓超，《中國歷史研究法附補篇》，補篇第 4 章，丑、〈史學史的做法〉，頁161～162。

〔註3〕召思勉，《史通評‧自敘》（台北：台灣商務印書館，1971，台2版），頁55。張舜徽，《史學三書平議‧引言》（北京：中華書局，1983）甚至延伸梁呂兩氏看法，直接賦與《史通》《通志總序》《文史通義》史學三書之名目。另外，傅振倫，〈中國三大史家思想之異同：劉知幾、鄭樵、章學誠〉，《新晨報副刊》，1928.11.26～29。惜筆者未能搜到此文，迄今未見，但標題醒目。

還在論史〔註4〕。本文試分外在內在兩理路析之。就外在理路言，實齋承受遠代史書如《漢書藝文志》、鄭樵《通志略》的影響，近受乾嘉時代學風所左右〔註5〕，但他跳出當時學術風氣的藩籬，提出「明道經世」的概念。反對當時漢學「徵實太多，發揮太少，有如桑蠶食葉而不能抽絲」〔註6〕，以及宋學的「外輕經濟事功，內輕學問文章」「守陋自是，枵腹空談性天」〔註7〕與「惟騰空言而不切於人事」〔註8〕。他以爲兩者皆不足取。在他的想法，不管是「務考索」的考據家，或是「騰空言」的理學家，都不懂史學。章氏以爲：

> 史學所以經世，固非空言著述也。且如六經同出于孔子，先儒以爲其功莫大於《春秋》，正以切合當時人事耳。後之言著述者，舍今而求古，舍人事而言性天，則吾不得而知之矣。學者不知斯義，不足言史學也。〔註9〕

這即是從「明道經世」的觀點來批評當時盛行的不良學風。因爲務考索的漢學家博古而不知今，騰空言的宋學家言性天而不切於人事，達不到史學經世的目的，史學即失去存在的價值，失去了生命力。章氏處在當時這種學風，因其弊而救其偏，使學風「歸之中正」，其用心良苦。他獨樹一幟，別開生面，用畢生力作《文史通義》來繩治之：

> 《文史通義》專爲著作之林較讐得失，著作本乎學問，而近人所謂學問，則以《爾雅》名物，六書訓故，謂足盡經世之大業；雖以周程義理，韓歐文辭，不難一映置之。其稍通方者，則分考訂、義理、文辭爲三家，而謂各有其所長，不知此皆道中之一事耳。〔註10〕

從內在理路來說，其由《文史通義》表現出來的史學思想，亦著在一「通」字。他說：「古人所欲通者，道也。……窮畢生之學問，思辨於一定之道，而

〔註4〕 許凌雲，《讀史入門》（北京出版社，1989，修訂本），頁315。

〔註5〕 錢穆，《中國史學名著》（台北：三民書局，1973）第2冊，頁312～313。錢氏從學術史宏觀的角度，肯定章氏因受清廷編修《四庫全書》而注意分類編目之事，轉而注意到鄭樵《校讎略》與《漢書‧藝文志》，然後才有「六經皆史」一語。至於實齋自述其學源自「浙東學派」，直從陽明而來，則錢先生以爲不值得我們認真的，可謂係錢氏獨到見解，值得後學深深品味。

〔註6〕 《文史通義》（台北：華世出版社，1980）外篇三〈與汪龍莊書〉，頁328。

〔註7〕 《文史通義》外篇三〈家書五〉，頁368。

〔註8〕 《文史通義‧浙東學術》，頁53。

〔註9〕 《文史通義‧浙東學術》，頁53。

〔註10〕 《文史通義‧與陳鑑亭論學》，頁340。

上通千古同道之人以爲之藉，不俟千古同道之人以爲之輔。」〔註11〕說明治史的根本目的在於通「道」，也就是「史以明道」的觀點。關於此點，章氏亦曾以哲學的論證加以說明，他提出「道器合一」論。他認爲道與器的關係是「道不離器，猶影不離形」。有云：

> 《易》曰：「形而上者謂之道，形而下者謂之器。」道不離器，猶影不離形。後世服夫子之教者自《六經》，以謂《六經》載道之書也，而不知《六經》皆器也。〔註12〕

又云：

> 儒家者流，守其六籍，以謂是特載道之書耳。夫天下豈有離器而言道，離形存影者哉？彼舍天下事物，人倫日用，而守六籍以言道，則固不可與夫道矣。〔註13〕

所提「六經皆器」的說法，一別於後世學者所誤以爲的「六經即道」。章氏之所以提出「道器合一」的主張，頗受朱、陸及王夫之、戴震以降的影響，尤其載震把「道」「器」論納入其「氣化論」中，視所謂形而上、形而下的分別是「氣」在變化過程中形成「體」之前與之後的差別，章氏認同於此〔註14〕；二來是章氏針對當時宋學漢學的學風弊端，以爲皆是「離器言道」，不著實際而提出的。實齋云：

> 宋儒之學，自是三代以後講求誠正治平正路；第其流弊，則於學問、文章、經濟、事功之外，別見有所謂道耳。以道爲學，而外輕經濟事功，內輕學問文章，則守陋自是，朽腹空談性天，無怪通儒恥言宋學矣。〔註15〕

又云：

> 學博者長於考索，侈其富於山海，豈非道中之實積；而驚於博者，終身敝精勞神以徇之，不思博之何所取也，……言義理者似能思矣，

〔註11〕《文史通義・言公中》，頁109。
〔註12〕《文史通義・原道中》，頁40。並參島田虔次，〈歷史的理性批判 ——「六經皆史」の說 ——〉，《歷史の哲學》（東京：岩波書店，1969），頁135～138。
〔註13〕《文史通義・原道中》，頁41。
〔註14〕楊志遠，〈章實齋史學思想之研究〉（台中：東海大學史研所碩士論文，未刊，1992.6）第二章〈章氏論道〉三，「道器合一」，頁23～24。該章一、二節頗有蕪累不清之弊，有些可轉入注腳。
〔註15〕《文史通義・家書五》，頁368。

而不知義理虛懸而無薄，則義理亦無當於道矣。此皆知其然而不知
所以然也。〔註16〕

而章氏論道器合一，以為「道因器而顯」「道寓於器」，主要目的仍在於明道。

> 學術無有大小，皆期於道。若區學術於道外，而別以道學為名，始
> 謂之道，則是有道而無器矣。學術當然皆下學之器也，中有所以然
> 者，皆上達之道也。器拘於迹而不能相通，惟道無所不通。是故君
> 子即器以明道，將以立乎其大也。〔註17〕

什麼是「道」和「器」呢？章氏自解為道是萬事萬物之所以然，而非萬事萬
物之當然也〔註18〕。「所以然」是指事物之理，即「道」，是具永恆性、唯一
性的。「當然」，則指事物之質，即「器」，具普遍性。章氏以為「器拘於迹而
不能相通，惟道無所不通」〔註19〕，在他的觀念裡，「道」可以無所不在，但
「器」受限於本身的形體，只能呈現出部份的「道」。這一命題，聯繫到治史
上，史事是「器」，史論為「道」，「道器合一」既是自然實在，則史事史論的
結合也屬當然了。沿著這個思路，章氏提出「即器以明道」以治史學，就是
即事以言義了〔註20〕。

明乎此，章學誠所要通之「道」，從治史的角度來看，算是掌握到了治史
的根本宗旨。他要找的道，就是史義，也就是史氏之宗旨。在《文史通義‧
答客問上》中，章學誠表彰春秋家學，用意就在於此。他說：

> 史之大原本乎《春秋》，《春秋》之義昭乎筆削。筆削之義，不僅事
> 具始末，文成規矩已也；以夫子義則竊取之旨觀之，固將綱紀天人，
> 推明大道，所以通古今之變而成一家之言者，必有詳人之所略，異
> 人之所同，重人之所輕，而忽人之所謹，繩墨之所不可得而拘，類
> 例之所不可得而泥，而後微茫杪忽之際有以獨斷於一心；及其書之
> 成也，自然可以參天地而質鬼神，契前修而俟後聖，此家學之所以
> 可貴也。〔註21〕

〔註16〕《文史通義‧原學下》，頁48。
〔註17〕《文史通義‧與朱滄湄中翰論學書》，頁333。
〔註18〕《文史通義‧原道上》，頁35。並參井貫軍二，〈章學誠の史學思想〉，《山下
先生還曆記念‧東洋史論文集》，頁5～9。
〔註19〕《文史通義‧與朱滄湄中翰論學書》，頁333。
〔註20〕參許淩雲，〈章學誠的史學〉，《讀史入門》修訂本，頁319。
〔註21〕《文史通義‧答客問上》，頁138。

可見其明道觀念亦歸源於《春秋》，這裡實齋強調獨斷于一心，成一家言的家學，闡發《春秋》之義，他並且肯定「史遷絕學是《春秋》之後一人而已」〔註22〕，在他看來，司馬遷的絕學在「範圍千古，牢籠百家者，惟創例發凡，卓見絕識，有以追古作者之原，自具《春秋》家學耳」〔註23〕

（三）批判精神

前述的「通識觀念」可以說是史氏論史的先要條件，譬之以喻，猶人之「神」〔註24〕。準此，則本節之「批判精神」，乃如「髓」也。前者統章氏史學思想的形上結構，後者統章書之內蘊菁華，兩者俱是其書構成的精神原動力，憑此力量，乃可肆而立言，放諸高論，糾舉古今史冊，一一析列，而成其不朽名作。

大凡史家批判精神之有無、多寡、強弱，與當時之社會型態關係甚大。約有下列三種情況，史家批判精神大都瀕於殆盡的地步：

1、專制時代政治高壓局面，史家載筆若每事直書，動輒身家不保，或降職遠謫。此類史例所在多有，篇卷隨處可見。故史家每多曲筆阿時，諛言媚主，焉敢稍存批判之心？

2、神權時代思想統制於一隅，生死寵辱，皆為冥漠之主，批判精神常受神權思想或代表神權之機構與組織的強烈控制，無法多方開展；否則一旦違悖，即被視為異端（heresy）。西方歷史，尤其在中古時代最能說明這項史實，於此種情況下，批判精神自會受到嚴重的壓抑。

3、歷史資料尚屬非常短缺的時代，則亦甚難顯示史家的批判能力和結果。

上項第三則與清代已有的史書，顯然不能契合。是故，第三則不適於解說章氏批判精神的多寡贏盈。相反地，其書之成述與章氏批判精神之蘊積與歷史客觀條件的成熟，乃是同步運行的。第二則在西洋歷史的影響較為顯著，在中國則較為隱晦，此則大致與中國脫離神權的控制甚早有關，故於此可略而不論。而第一則的專制政治情況，則不能說對史家批判意識的顯現方式與刺激生長全然無干。

〔註22〕《文史通義·申鄭》，頁136。
〔註23〕《文史通義·申鄭》，頁136。
〔註24〕取《淮南子·原道》：「形閉中距，則神無由入也」是指神氣、精神而言。

　　世人都喜歡把章學誠與劉知幾並論〔註 25〕。兩人相距近千年，各在自己的時代裡，在史學領域中，做了總結以往啓發來者的重大貢獻〔註 26〕。究其兩氏的關係，在相同的命題上，有批判繼承的關係，後者對前者或有所側重，或有所發明；在不同的命題上，則各有千秋。

　　章氏的批判精神也是相當豐富，可以媲美劉鄭兩氏而不遑相讓的。章氏對生當其時的「漢學」、「宋學」門戶之爭與學術傾向，都不感興趣，而有所刺譏。他殫精竭慮，寫作「有爲之言」的《文史通義》，明知是書「不特甘若無可告語，且未有不視爲怪物，詫爲異類者」〔註 27〕，但他決不趨附世俗，而且非常自信：「正須不羨輕雋之浮名，不揣世俗之毀譽，循循勉勉，即數十年，中人以下所不肖爲者而爲之，乃有一旦庶幾之日，斯則可爲智者道，未易一一爲時輩言耳。」〔註 28〕又曾直言不諱：「拙撰《文史通義》，中間議論開闢，實有不得已而發揮，爲千古史學闢其榛蕪。」〔註 29〕清楚地告訴別人他所著的《文史通義》乃非市文也，而是有鑒於：「蓋以頹風日甚，學者相去離跂攘臂於桎梏之間，紛爭門戶，勢將不得已也。得吾說而通之，或有以開其荊棘，靖其噬毒，而由坦易以進窺天地之純，古人之大體也，或於風俗人心不無小補歟！」〔註 30〕他是針對世俗學風而發言的。他繼承清初學者經世致用的精神，批判乾嘉之世的不良學風，說是「不得己」而爲之，並自信「多有爲之言」。可見時代學風給他很大的感觸，而漢宋之爭也引發他的批判和抗議。

　　另外，章氏還說：「吾於史學，蓋有天授。自信發凡起例，多爲後事開山。而人乃擬吾於劉知幾。不知劉言史法，吾言史意。」〔註 31〕又說：「鄭樵有史識而未有史學，曾鞏具史學而不具史法，劉知幾得史法而不得史意，此予《文

〔註 25〕 如張其昀，〈劉知幾與章實齋之史學〉，《學術》第五期，1922。甲凱，〈劉知幾與章學誠〉《東方雜誌》復刊八：三。姜勝利，〈劉、章史識論及其相互關係〉，《史學史研究》1983：3；許冠三《劉知幾的實錄史學》第七章〈劉、章史學之異同〉等等。

〔註 26〕 請參拙撰，《劉知幾史通之研究》（台北：文史哲出版社，1987）第六章；許冠三，《劉知幾的實錄史學》（香港：中文大學出版社，1983）第六章《史通》與唐後史學）。

〔註 27〕 《章氏遺書・與族孫汝楠論學書》（台北：漢聲出版社，1983），頁 503 下。

〔註 28〕 《章氏遺書・與族孫汝楠論學書》，頁 503 上。

〔註 29〕 《文史通義・與汪龍莊書》，頁 329。

〔註 30〕 《文史通義》補遺續〈又與朱少白〉，頁 328。

〔註 31〕 《文史通義・家書二》，頁 365。

史通義》所爲作也。」〔註32〕實齋前言，實有誇飾成份。其所自信者，多爲後世開山，但實際他亦繼承前人而有，則未明說：而自言劉章之別，在於史法與史意。其實史法與史意仍有傳承與相通處，章氏又未明言。只知自視甚高而罔顧前人，似不免是人格上的小瑕疵。本文重點在討論其依承及批評劉知幾處，章氏批評知幾處，一項重要觀點是反對劉氏之重斷代，輕通史。言謂「劉知幾六家分史，未爲篤論。《史記》一家自是通史，劉氏以事罕異聞、語多重出譏之，非也。……通史各出義例，變通互古以來，合爲一家記載，後世如鄭樵《通志》之類，足以當之」〔註33〕，他受到鄭樵的影響，也主張通史較善，作爲其「慨然有見於古人著述之源，而知作者之旨……蓋承通史家風而自爲經緯，成一家言者也」〔註34〕；而專寫〈申鄭〉、〈釋通〉，論述通史之義，爲司馬遷、鄭樵張目。另外對劉知幾所提出的史才三長論，以爲猶未盡其理，故正式補上「史德」一說。

章氏還提出「道器合一」的理論來論說史當明道。其眞正的用意是推崇撰述，提倡獨斷，反對因循，肯定家學，藐視官修。這是針對當時清朝壟斷史學，大搞官修史書而發的，具有極爲重要的現實意義。〔註35〕

在《文史通義》中，他曾詳論編年、紀傳、紀事本末三種史體的發展演變和長短得失，並進而提倡新史體。這種新史體是「仍紀傳之體而參本末之法，增圖譜之例而刪志書之名，發凡起例，另具〈圓通〉之篇」〔註36〕。他準備用這種新創體例撰寫《宋史》。實齋提出這種新創體，可以說完全經由批判古書史體之後才得出的。可惜〈圓通〉篇已經失軼，而《宋史》又未寫成，否則，後世學者應可看到這位傑出的史學理論大家所創的新史體〔註37〕。

章學誠曾寫過幾種方志，時至今日後人仍可得見。他曾發表了不少方志學的理論，並將其史學理論化約於方志論著之中，對方志學有很大的貢獻。

〔註32〕《文史通義‧和州志志偶自敍》，頁398。
〔註33〕《章氏遺書‧丙辰箚記》，中冊，頁876下。
〔註34〕《文史通義‧申鄭》，頁136。
〔註35〕尹達主編，《中國史學發展史》（台北：天山出版社，未註出版時）下冊，頁389。
〔註36〕《文史通義‧與邵二雲論修宋史書》，頁316。
〔註37〕楊志遠在其碩士論文〈章實齋史學思想之研究〉，頁126，以爲章實齋的此項新體裁，與今之「章節體」有相通處。其實細揣實齋論此新史體的內涵有：一曰本紀、二曰紀事本末，三曰圖表。今之章節體似未能完全涵蓋，但相通則有。此點楊文似可再著墨。

他的方志理論主要貢獻是提出「志爲史體」之說，反對當時著名學者戴震所說的：「夫志以考地理，但悉心於地理沿革，則志事已竟」這句話。《四庫全書總目》也將方志列於史部地理類。章氏以實際修志的感受反對此說，而主張歸爲史體，強調「方志爲古國史，本非地理專門」。循此主張而下，章氏對方志體例也有創新，提出「必主三家之學」，分立三書之說，所謂「三書」是指「志」、「掌故」和「文徵」。除此之外，章氏還主張另立「叢談」〔註38〕。章氏方志學的理論，多少拜賜於戴震的激發，其實尚有多種理論，都是如此，似乎章氏專發與戴震不同的議論，處處持與戴氏相異立場，這種反戴震的論學最終卻也成就了其史論的貢獻〔註39〕。

綜括上述所論，約略可明瞭章氏的史學和方志學的理論，是淵源於傳統，但卻有創新的見解；爲文絕不迂腐，充滿了批判精神。

（四）懷疑精神

中國史學中的懷疑精神，自春秋時代即已出現。孔子寫《春秋》，能闕所疑。孔子屢言：「多聞闕疑，愼言其餘」「吾猶及史之闕文也」「君子於其所不知，蓋闕如也。」「夏禮吾能言之，杞不足徵也，殷禮吾能言之，宋不足徵也。文獻不足故也。足則吾能徵之矣。」〔註40〕孔子之闕疑，蓋有所沿襲，孔子而後之史學家，大致恪守孔子之教不渝。英國漢學家浦立本也認爲這種闕疑精神在中國上古時代即已產生，所以他說中國有一懷疑理性主義的悠久傳統。

能闕疑而後才能懷疑，史學所具有的精神科學精神才能因此而產生〔註41〕。史學大家對古今史書史事的評議上，都能充份運用及發揮這份精神，本節試闡述於後。

至於章學誠也認爲作史不能無疑，疑者則闕之以待訪，若疑者不著，則削之。他的懷疑精神，也秉自孔子司馬遷以來的啓示，他曾說：

> 孔子曰：「吾猶及史之闕文也」又曰：「多聞闕疑，愼言其餘。」夫
> 網羅散失，紬繹簡編，所見所聞，時得疑似，非貴闕然不講也。……
> 疑者闕而弗竟，闕者存而弗刪，斯其愼也。司馬遷曰：「書闕有間，

〔註38〕說皆見《文史通義·方志立三書議》，頁388～393。
〔註39〕可參祁龍威，〈乾嘉史學初探〉，收於《中國史學史論集》，頁533。
〔註40〕所引孔子之語，可分別參閱《論語》〈爲政〉、〈衛靈公〉、〈子路〉諸篇。
〔註41〕杜維運，〈經世思想與中國史學〉，《聽濤集》（台北：弘文館出版社，1985），頁81。

其軼乃時時見於他說。」夫疑似之蹟，未必無他說可參。而舊簡以
古文爲宗，百家以雅訓是擇。〔註42〕

「多聞」「愼言」可以說是一種核實的態度，亦即是一種實事求是、客觀求證
的態度，他又說：「聞欲多而疑存其闕，愼之至也。馬、班而下，存其信而不
著所疑以待訪，是直所謂疑者削之而已矣，又復何闕之有哉？」〔註43〕懷疑
精神，目的均須歸於求眞、求實錄的史學。氏別有體會發展，他更細緻地提
出史籍應有〈闕訪列傳〉才對。他從前面的「存其疑而不著所疑以待訪」出
發，說：

凡作史者，宜取論次之餘。或有人著而事不詳；若傳歧而論不一者；
與夫顯列名，未徵事實，清標夷齊，而失載西山之薇；學者顏曾，
而不傳東國之業，一隅三反，其類實繁。或由載筆誤刪，或是虛聲
泛采，難憑臆斷，當付傳疑，列傳將竟，別裁闕訪之篇，以副「愼
言」之訓，後之觀者，得以考求。〔註44〕

〈闕訪〉篇的設立，是爲了「愼言」之訓。這是在「存信」「削疑」之外的又
一選擇，他認爲遇到「標名略注，事實難徵；世遠年湮，不可尋訪。存之則
無類可歸，削之則潛德弗曜」〔註45〕，則悉編入〈闕訪列傳〉以待後來者。
總比削之滅之對史事求備要來得妥善。

章氏更認爲史書若無〈闕訪〉之篇，則有十弊：

史無〈闕訪〉之篇，其弊有十：一己之見，折衷群說，稍有失中，
後人無由辨正，其弊一也。才士意在好奇，文人義難割愛。猥雜登
書，有妨史體；削而不錄，又闕情文，其弊二也。傳聞必有異同，
勢難盡滅其跡；不爲敘列太凡，則稗說叢言起而淆亂，其弊三也。
初因事實未詳，暫置不錄；後遂闕其事目，等於入海泥牛，其弊四
也。載籍易散難聚，不爲存證崖略，則一時之書，遂與篇目俱亡；
後人雖欲考求，淵源無自，其弊五也。一時就所見聞，易爲存錄；
後代蟬蜎補綴，辭費心勞，且又難以得實，其弊六也。《春秋》有
口耳之授，馬班有專家之學，史宗久失，難以期之馬氏外孫，班門
女弟，不存闕訪，遂致心事難明。其弊七也。史傳之立意命篇……

〔註42〕《文史通義》外篇一〈和州志闕訪列傳序例〉，頁414。
〔註43〕《文史通義》外篇二，〈永清縣志闕訪列傳序例〉，頁457。
〔註44〕《文史通義》外篇一，〈和州志闕訪列傳序例〉，頁415。
〔註45〕《文史通義‧和州志闕訪列傳序例》，頁415。

> 標題類敍……是於史法皆有一定之位置，斷無可綴之旁文。凡有略
> 而不詳疑而難決之事，不存闕訪之篇，不得不附著於正史之內；類
> 例不清，文辭難稱粹潔，其弊八也。開局修書，是非哄起，子孫欲
> 表揚其祖父，朋黨史自逞其所私；苟使金石無證，傳聞難信，不立
> 闕訪以杜請謁，無以謝絕一偏之言，其弊九也。史無別識心裁，便
> 如文案孔目；苟具別識心才，不以闕訪存其補救，則才非素王，筆
> 削必多失平。其弊十也。〔註46〕

可知十弊所關涉的史義相當大。吾人就其弊端之大之多，就可明白〈闕訪傳〉
的必要性。至少，在章學誠的心目中它是很重要的。

綜上所言，可知章學誠的懷疑工夫，更進一步，在史體史例方面，創下
〈闕訪傳〉一說。此說在於發揮懷疑精神的極致目標，終究乃放在史學求真
的一貫原則。捨此原則，則無真史學可言。

（五）進步觀念

人類發展由草昧漸進文明，依演化觀點而言確是進步的；記載人類發展
過程的歷史，亦由簡趨繁，逐步擴張其領域，豐富其內容。章學誠著作《文
史通義》等書，總評往古以來的史冊，也必然能夠在評判的過程中深切體會
斯理。其進步史觀亦可分為兩方面以觀察之：

1、遠略近詳的書法觀念

章學誠與劉知幾一樣，都主張著史當詳近略遠。其言曰：

> 史部之書，詳近略遠，諸家類然，不獨在方志也。太史公書，詳於
> 漢制。……秦楚之際，下逮天漢，百餘年間，人將一唯遷書是憑；
> 遷於此而不詳，後世何由考其事邪？〔註47〕

又云：

> 夫通古之史，所書事跡，多取簡編故實；非如當代記載，得于耳聞目
> 見，虛實可以互參。而既為著作，自命專家，則列傳去取，必有別識
> 心裁，成其家言；而不能盡類以收，同於排纂，亦其勢也。〔註48〕

「詳近」蓋得於耳聞目見，虛實可以互參，這是古史所不能，學誠點出是「勢」

〔註46〕《文史通義》外篇二，〈永清縣志闕訪列傳序例〉，頁457～458。
〔註47〕《文史通義》外篇三，〈記與戴東原論修志〉，頁499。
〔註48〕《文史通義》外篇二，〈亳州志人物表例議上〉，葉瑛校注本，頁801。

所使然，此「勢」即含有演化發展的含意在內。

2、人類社會的進化觀點

章學誠從《荀子・王制》的「人生不能無群，群而無分則爭」體悟到人類原始社會的發展，說：

> 人之生也，自有其道，人不自知，故未有形。三人居室，則必朝暮啓閉其門戶，饗飱取給於樵汲，既非一身，則必有分任者矣。或各司其事，或番易其班，所謂不得不然之勢也，而均平秩序之義出矣。
> 〔註49〕

指出初民社會開始分工的情形，又從分工進一步描述逐漸進化的過程，他說：

> 至於什伍千百，部別班分，亦必各長其什伍而積至於千百，則人眾而賴於幹濟，必推才之傑者理其繁，勢紛而須於率俾，必推德之懋者司其化，是亦不得不然之勢也，而作君、作師、畫野、分州、井田、封建、學校之意著矣。故道者，非聖人智力之所能爲，皆其事勢自然，漸形漸著，不得已而出之，故曰「天」也。〔註50〕

發展到後來，「法積美備，至唐虞而盡善焉」，「至成周而無憾焉」〔註51〕。學誠指出的是社會逐步進化爲文明時代，這是必然之「勢」。學誠在文中指出「皆其事勢自然，漸形漸著，不得已而出之，故曰天也」即是「道」。這裡，他把自然規律之「天」與人類社會發展規律之「勢」、「道」結合起來。再從「道」的闡發，以爲聖人體道，如周公創制、孔子垂教與「暑葛寒裘」一樣，是「時會使然」。這個「時會使然」，使他得出「道在眾人」的思想，他說：

> 道無所爲而自然，聖人有所見而不得不然。……聖人有所見，故不得不然；眾人無所見，則不知其然而然。孰爲近道？曰不知其然而然，即道也。不得不然者，聖人所以合乎道，非可即以爲道也。聖人求道，道無可見，即眾人之不知其然而然，聖人所藉以見道也。
> 〔註52〕

聖人借眾人的「不知其然而然」而見道，當然道即在眾人。所以學誠提出：「學

〔註49〕《文史通義》內篇二，〈原道上〉，頁35。
〔註50〕《文史通義》內篇二，〈原道上〉，頁35。
〔註51〕《文史通義》內篇二，〈原道上〉，頁36。
〔註52〕同上註。

於聖人，斯為賢人；學於賢人，斯為君子；學於眾人，斯為聖人。非眾可學也，求道必於一陰一陽之跡也。」〔註53〕學誠不認為眾人掌握「道」，而是眾人的行動顯露「一陰一陽之跡」，也就是眾人之道，正是歷史發展所呈現的事實。因而聖人可以借之以見道。反過來說，則「道」雖在眾人的行動中體現，但眾人只是「不知其然而然」。章氏此說，確是卓越見解。

由上所述看來，章學誠的道頗具有歷史發展進化的性質是相當明白的。戴密微（P. Demieville）認為其所謂之道存於歷史事實之中；倪文森（D. S. Nivison）謂其「道」是在歷史中不斷呈現發展的；余英時也持相同的看法，並兼容上兩氏之說〔註54〕，都頗能道著真處。

學誠從前述的社會是進化的觀點，再展延出社會應有變革之說，他以曆法為例說明：「如沿曆者盡人功以求合於天行而已矣，初不自為意必也。其前人所略而後人詳之，前人所無而後人創立，前人所習而後人更之。」〔註55〕又如：

> 非堯舜之聖，過乎羲軒；文武之神，勝於禹湯也。後聖法前聖，非法前聖也，法其道之漸形而漸著者也。三皇無為而自化，五帝開物而成務。三皇立制而垂法，後人見為治化不同有如是爾。當日聖人創制，一似暑之必須為葛，寒之必須為裘；而非有所容心，以謂吾必如是而後可以異於前人，吾必如是而後可以齊名前聖也。〔註56〕

學誠力主古今進化之說，以為一切制度，無非為應付需要而起，何炳松以為此見甚卓〔註57〕。由此以論，故不必泥古崇古，後人應當超越前人，這點與知幾所見無異，他曾說：「古治詳天道而簡於人事，後世詳人事而簡於天道，

〔註53〕《文史通義·原道上》，頁 36。

〔註54〕 參 Paul Demieville, "Chang Hsueh-Ch'eng and His Historiography." In W.G. Beasley and E.G. Pulleyblank, eds., *Historians of China and Japan*（Oxford：1961，台北：虹橋書局，翻印本，1982）p.180。David S. Nivison, *The Life and Thought of Chang Hsueh-Cheng*（1738～1801）p.141。余英時則以為章氏之道在消極方面是要破「道在六經」之說，積極方面則在說明三代以下之道必求諸史的用意，「道」是一種「活的現在」，存在於歷史之中，且具有不斷發展的過程。見余氏，《論戴震與章學誠——清代中期學術思想史研究》（台北：華世出版社，1980，台影二版），頁 49～50。

〔註55〕《文史通義·天喻》，頁 189。

〔註56〕《文史通義·原道上》，頁 36。

〔註57〕 何炳松，〈讀章學誠《文史通義》札記〉，原刊《史地叢刊》1：3，1922 年 2 月。又收在《何炳松論文集》（北京：商務印書館，1990），頁 30。

時勢使然，聖人有所不能強也。」〔註58〕又「天時人事，古今不可強同。非人智力所能為也。」〔註59〕又「然三《易》各有所本，……由所本而觀之，不特三王不相襲，三皇五帝亦不相沿矣。」〔註60〕

　　章學誠甚至認為聖人也要根據形勢變化來改變自己，這種變革的思想，隱然將泥古之習打破。既然今古不同，他主張學古亦應知今，他說：「古之糟粕可以為今之精華，非貴糟粕而直以為精華也；因糟粕之存而可以想見精華之所出也。所謂好古者，非謂古之勝乎今也。正以今不殊古，而於因革異同求其折衷也。」〔註61〕甚至竟謂後人史識有勝古人者，曰：

> 天下耳目無窮，一人聰明有限。……窮經之業，後或勝前。豈作志之才一成不易耶？〔註62〕

> 《文選》《文苑》諸家，意在文藻，不徵實事也。《文鑑》始有意於政治，《文類》乃有意於故事，是後人相習久而所見長於古人也。〔註63〕

雖此變革思想頗為大膽，但若因而即謂學誠厚今薄古〔註64〕，則也未必。可以肯定的是可用以說明章氏的觀點，在當時的學者之中確實是相當傑出進步的，也都能越出傳統說法的羈絆。

（六）結　論

　　凡上透過「通識」「批判」「懷疑」「進步」等觀念做為基礎，尋繹章學誠史學思想的原理要素，析論其心目中所積存的對歷史型態理想化的建構觀念，及其於評論史冊史事的實際層次的運作。「通識觀念」是卓越史家如司馬遷、劉知幾、歐陽修、司馬光、鄭漁仲及章學誠等人一致的特色，他們都講究「通」字，主要都在求通古今之變，究天人之際。但每人對通識天人古今的體會都不盡相同，章學誠則以「史以明道」為說，展示其高瞻遠矚的眼光通貫史事的認知，突破傳統的局限，而開闢新的境地。

〔註58〕《文史通義・方志立三書議》葉瑛校注本，頁573。
〔註59〕《文史通義・博約下》，頁52。
〔註60〕《文史通義・易教上》，頁1。
〔註61〕《文史通義・說林》，頁122。
〔註62〕《文史通義・和州志前志列傳序例下》，頁420。
〔註63〕《文史通義・方志立三書議》，頁575。
〔註64〕劉漢屏，〈章學誠〉，《中國史學家評傳》中冊，頁1052。

　　就「批判精神」言，章學誠的著作頗具此一特色，且其內容豐富。從其形式而言，乃是章氏對當時所處外在社會環境以及史事內在的聯繫等有感而發，先破後立，而後建立其史學的系統化與普遍化。質言之，章學誠所處時代略有不安，是來自於下階層的社會因素，當時匪亂遍野，民生凋零，他曾上六道政書企圖挽救時弊，可謂其經世思想的實踐，唯以位卑言輕，未蒙獲用。與此則一致的即是他反對乾嘉學界漢宋之爭，以為無益世道，進而主張以劉知幾之才、學、識與孟子的事、文、義結合當時考據、辭章、義理之學，發揮孔子、史遷以來的史學主張而達於極致。章氏復在〈圓通〉篇主張新史體，並提倡「志為史體」說，皆是批判古書史體與當時學風而得的新成就。

　　「懷疑精神」是史家的可貴資產，章氏也認為作史不能無疑，疑者則闕之以待訪，若疑者不著，則削之。章氏在求真原則不變之下，別有體會發展，提出史籍應有〈闕訪列傳〉，並論史書若無該傳，必有十弊。則毋寧損失事大。

　　「進步史觀」可謂是史書的靈魂，學誠主張著史當詳近略遠，以為「勢」所使然，此勢含有演化發展之意。又以為人類社會由草萊逐步進至文明，乃必然之「勢」，他把自然規律之「天」與人類社會發展規律之「勢」「道」結合起來，說明歷史發展進化的性質是相當明顯的。由此以論，故不必泥古崇古，當與時俱進，超越前人。

　　以上雖分四則析述，然於史家章氏的理念之中，並不必然分項獨立運作，實際應或全部或其中大半都是相互融匯一起的。此四則精神的顯像於史學論述當中，有些內涵旨意，則仍是千古不渝，輝耀永恆的。

五、劉知幾、鄭樵、章學誠的史學理論及其比較（上）[*]

摘　要

　　本文針對劉知幾、鄭樵、章學誠三位異代史家對史學體裁與功用的重要見解與主張，提出「通史說」與「經世說」抒論之。就前者言，劉主斷代爲史，欲引爲後史之法式；鄭則推重會通、因依之義，直陳斷代史有三弊；章則申鄭抑劉，亦主通史有六便二長，可推明大道，然亦不低貶班固漢書之斷代，以爲仍具通意。其論理細致，有超越鄭劉之處。就後者言之，三氏皆主張以直筆論達致史學淑世之目的。唯鄭氏猶重實學，爲其特點；章則提出「六經皆史」宏論，其義蓋取經綸爲世宙之法，涵意至廣，係前人所未逮。

---

[*]　本文原刊《興大台中夜間部學報(Journal of Taichung Evening School. NCHU).》創刊
　　號（台中，1995.11）頁 165～198。

（一）前　言

　　劉知幾鄭樵章學誠三氏的史學在中國史學史上各有突出且重要的貢獻與地位，是文史學界共知之事，不言可喻。然就三氏並舉合論，則屬梁任公啓超首揭此義，繼之以呂思勉、傅振倫、張舜徽等碩學〔註1〕，三氏史學於焉獲得更進一步肯定。上舉諸博通碩彥可謂是劉鄭章三氏的異代知己，皆深具別識心裁，發前人所未發，以啓迪後學。然雖都有專見高論，卻向未形成理論系統，此固有待於後學更進一步闡揚光大之，以是筆者不揣無學，願勉力就此以試，雖略有文字整理發表，猶未見深意〔註2〕，今擬再就劉鄭章三氏之史學理論方面著手抉發分析其內容，內文專注其傳承、發展與其異同、優劣之比較，期對三氏史學理論彼此之間的聯繫環節，能有更透析細致和正確的瞭解。文中分「通史」「經世」「三長」「史文」四方面，探索三氏在史學體裁、功用、技藝、形式諸項理論的奧蘊，俾明白三氏史學具有宏偉精深的學術氣象。茲處因篇幅所限，擬先以前面兩者敘論，餘容另文再述。

（二）理論之一：通史說

　　古來偉大的史家，大都具有通識觀念，如司馬遷之「究天人之際，通古今之變」即是，劉知幾鄭樵章學誠三氏亦具之〔註3〕，從他們的通識觀念出發，

〔註1〕梁啓超云：「自有史學以來二千年間，得三人焉，在唐則劉知幾，其學說在《史通》；在宋則鄭樵，其學說在《通志・總序》及〈藝文略〉〈校讎略〉〈圖譜略〉；在清則章學誠，其學說在《文史通義》。」又：「中國史學的成立與發展，最有關係的有三個人：（一）劉知幾、（二）鄭樵、（三）章學誠。……」分別見氏著：《中國歷史研究法》（台北：台灣中華書局，1973，台三版），頁24，及《中國歷史研究法・補篇》，第四章，頁161～162。呂思勉，《史通評・自敘》（台北：台灣商務印書館，1971，台二版）有云：「中國論作史之法，有特見者，當推劉知幾、鄭漁仲、章實齋三人」。見頁55。傅振倫，〈中國三大史家思想之異同〉，《新晨報副刊》，1928.11.26～1928.11.29 惜此文筆者未見：張舜徽，則撰有《史學三書平議》（北京：中華書局，1983），首度標舉劉知幾《史通》鄭樵《通志》章學誠《文史通義》爲「史學三書」。

〔註2〕已發表的有〈史學三書作者的生平與其著作之關係比較〉，《國立台灣師範大學歷史學報》第20期（台北，1992.6），頁1～20。〈章學誠史學的缺失〉，《中國書目季刊》28：3（台北，1994.12），頁23～24。〈章學誠史學中的方法論〉，《興大文史學報》第25期（台中，1995.3），頁67～99等等。

〔註3〕詳參拙著，〈史學三書之史學思想及其比較〉，《國立台灣師範大學歷史學報》第21期（台北：1993.6），頁21～80。簡單言之，劉知幾的通識最後目標在

大致可以「通史說」爲其極致。以下先以鄭樵的相關主張開始析論，理由有
二：（一）基本上三氏的通史說內容差異甚大，鄭樵可以說是三氏之中最早正
式主張通史的，章學誠僅是發揚光大其說而已，至於劉知幾，一般學者根本
就斷定他是非通史論者；（二）在三氏當中，鄭樵乃居於「中介」地位，有承
上啓下的關鍵作用〔註4〕。故下述改以鄭樵的通史說爲首論，不以時代先後爲
序。

　　鄭樵對歷史發展趨勢的通識觀念，主要在其「會通」思想，他說過：

> 自書契以來，立言者雖多，惟仲尼以天縱之聖，故總《詩》《書》
> 《禮》《樂》而會於一手，然後能同天下之文；貫二帝三王而通爲
> 一家，然後能極古今之變。……司馬氏世司典籍，工於著作，故能
> 上稽仲尼之意，會《詩》《書》《左傳》《國語》《世本》《戰國策》
> 《楚漢春秋》之言，通黃帝堯舜至於秦漢之世，勒成一書。……自
> 《春秋》之後，惟《史記》擅制作之規模，不幸班固非其人，遂失
> 「會通」之旨。司馬氏之門戶自此衰矣。〔註5〕

又：

> 孔子曰：「殷因於夏禮，所損益可知也；周因於殷禮，所損益可知
> 也。」此言相因也。自班固以斷代爲史，無復相因之義，雖有仲尼
> 之聖，亦莫知其損益。「會通」之道，自此失矣。〔註6〕

鄭樵對古來《春秋》《史記》的史學傳統，斷送在班固寫《漢書》之後感到非
常痛心，因此他對班固《漢書》其人其書有不少批評，除了上面引文外，尚
有：

> 且謂漢紹堯運，自當繼堯，非遷作《史記》廁於秦項，此則無稽之
> 談也，由其斷漢爲書，是致周秦不相因，古今成間隔。〔註7〕

「上窮王道，下揆人倫，總括萬殊，殫其體統」；鄭樵則在「會理得道」；章
　　學誠則說「史以明道」。
〔註4〕吳懷祺，〈《通志》的史學批評〉，《史學史研究》1988：4，頁22。筆者參引其
　　說而謂之。
〔註5〕鄭樵，《通志略‧總序》（台北：里仁書局，1981）頁1；並可參藤井清，〈鄭
　　樵の史學思想〉，《史學史研究》第六集，廣島史學研究會，1951，頁73～76。
　　內藤湖南，《支那史學史》（東京：弘文堂，1949）第九章第七節〈鄭樵の通
　　志〉，頁286～292。
〔註6〕《通志略‧總序》，頁2。
〔註7〕《通志略‧總序》，頁1。

又：

> 孟堅初無獨斷之學，惟依緣他人，以成門戶。紀志傳則追司馬之
> 蹤。……由班固修書之無功耳。〈古今人物表〉又不足言也。〔註8〕

歸納上引而言，鄭樵不滿於班固的最重要原因之（一）、在於他「斷漢爲書，
是致周秦不相因，古今成間隔」，古今之損益遂無由知之，即使有天縱之聖亦
不可得；(二)、《漢書》講「漢承堯運」之類神意史觀，鄭樵直斥爲無稽之談；
（三）、班固的〈古今人表〉把古今人物分成九等，失去了司馬遷作史表觀盛
衰的宗旨；(四)、班固無獨斷之學〔註9〕。其實斷代史有何弊端呢？依鄭樵的
會通之義，斷代史有「失會通之旨」之弊。略詳說之，其弊凡三：

1、重 複

鄭樵解釋說：「語其同也，則紀而復紀，一帝而有數紀。傳而復傳，一人
而有數傳。天文者，千古不易之象，而世世作〈天文志〉。〈洪範〉〈五行〉者，
一家之書，而世世序〈五行傳〉。」〔註10〕紀志傳的重複繁冗，是撰述歷史的
大忌。劉知幾曾云：「一代之史，上下相交，若已見它記，則無宜重述」〔註11〕，
自是不二準則，而斷代史則有此一弊。〈天文志〉〈五行傳〉歷代皆有，內容
也幾乎相同，劉知幾以爲不必重記〔註12〕，鄭樵似也同意。

2、隔 絕

鄭樵有云：「語其異也，則前王不列於後王，後事不接於前事。郡縣各爲
區域，而昧遷革之源。禮樂自爲更張，遂成殊俗之政。如此之類，豈勝斷綆？」
〔註13〕斷代史記事前後隔絕，不能連結前後之時代或人物，容易使事件之因
果關係或制度之沿革變成模糊不清。

3、不一致

鄭云：「曹魏指吳蜀爲寇，北朝指東晉爲僭。南謂北爲索虜，北謂南爲島
夷。《齊史》稱梁軍爲義軍，謀人之國，可以爲義乎？《隋書》稱唐兵爲義兵，

〔註8〕 《通志略·校讎略》，頁728。
〔註9〕 參吳懷祺，〈《通志》的史學批評〉，《史學史研究》1988：4，頁20。
〔註10〕 《通志略·總序》，頁1。
〔註11〕 劉知幾著浦起龍釋呂思勉評，《史通釋評·斷限》（台北：華世出版社，1981），
頁116。
〔註12〕 《史通釋評·書志》，頁74～82。
〔註13〕 《通志略·總序》，頁2。

伐人之君，可以爲義乎？」〔註14〕在分裂的時代，斷代史此弊最爲明顯，「異則相攻，同則相與」〔註15〕，因而記事往往缺乏一貫性，導致是非不公，最嚴重則致史實完全失眞。此弊甚易了解，舉今海峽兩岸的現代史更是活生生的例證，如國共兩黨文獻互稱對方或對方之領導人物爲匪爲幫，在史載方面如中山艦事件、新四軍事件（皖南事變）更是南轅北轍。

以上三則，可以很清楚看見斷代史的弊端。斷代爲書，是以一朝一代爲斷代來撰述，在鄭樵的觀念裏即失去「相因」之義，是無法「會通」的，所以無從了解整個歷史發展的脈絡，也看不出前後因果的關聯，故鄭樵認爲：「斷代史則失前後銜接會通之義，故繁複迭出，傷風敗義」〔註16〕即是此理，所以他立意著作通史，恢復古有修史的傳統，以矯正《漢書》斷代無復相因之失。言謂：

> 諸史家各成一代之書，而無通體。樵欲自今天子中興，上達秦漢之
> 前，著爲一書曰《通史》，尋紀法則。嗚呼！三館四庫之中，不可謂
> 無書也；然現有法制可爲歷代有國家者之紀綱規模，實未見其作。
>
> 〔註17〕

他的通史，自然是「不可不據仲尼、司馬遷會通之法」以爲修史之本〔註18〕。由此可知他的會通思想使他成就了其通史鉅作《通志》，易言之，亦即會通思想的落實，由《通志》來貫徹與兌現。章學誠曾針對此點而說：

> 鄭樵生千載之後，慨然有見於古人著述之源，而知作者之旨，不徒
> 以詞采爲文，考據爲學也。於是遂欲匡正史遷，益以博雅，貶損班
> 固，譏其因襲，而獨取三千年來遺文故冊，運以別識心裁，蓋承通
> 史家風，而自爲經緯，成一家言者也。〔註19〕

〔註14〕《通志略・總序》，頁2。

〔註15〕張舜徽，《史學三書平議》〈通志總序平議〉，頁154。

〔註16〕《通志略・總序》，頁2。斷代史之弊，陳光崇亦云：「第一，無論在敘述人物或制度文物方面都難避免重複；第二，前後又有隔絕不相聯貫之處；第三，修史者各站在本朝統治者的立場說話，沒有一致的是非標準。」見氏著，《中國史學史論叢》（遼寧：人民出版社，1984）〈鄭樵的史學〉，頁248。呂思勉，《史通評》亦有高見，頁10。

〔註17〕鄭樵，《夾漈遺稿・寄方禮部書》（台北：台灣商務印書館，景印文淵閣四庫全書本，1983重印），第1141冊，頁519。

〔註18〕《夾漈遺稿》，〈上宰相書〉，頁521。

〔註19〕章學誠，《文史通義・申鄭》（台北：華世出版社，1980），頁136。

學誠極力推崇《通志》，謂爲「別識心裁，成一家之言」。此中鄭樵尙要「匡正史遷，益以搏雅」。爲何？原來在鄭樵眼中，《史記》乃六經之後最重要的著作，是「百代而下史官不能易其法，學者不能捨其書」，但因爲歷史客觀條件的限制，司馬遷修史時所能見到的書籍尙不夠多（以宋代的標準），因此有「博不足」的遺憾；且司馬遷著《史記》時，在語言風格上也未作統一，又間雜有俚俗之語，故又有「雅不足」的缺陷，而鄭樵都想要匡補之。另者班固在武帝以前的歷史也只知因襲史遷舊作，昭帝至平帝的記載則取資於賈逵、劉歆，故鄭樵貶損並譏刺之。

其實，章學誠之所以推崇鄭樵的通史說是有其背景的。除了學誠亦主「通史說」兩人看法相同之外，最重要在於倡導通史，排斥斷代，並在《通志》中評斷歷代史家史事，招致後世學者的攻擊，如南宋陳振孫謂其「博物洽聞，然頗迂僻」「雖自成一家，而其師心自是」，馬端臨說他「譏訕前人，高自稱許」；清代學者錢大昕、王鳴盛、戴震、周中孚對鄭樵在書中的評見也很反感，故謂之「樵獨以博洽著稱，傲睨一世，縱論秦漢以來著述家，鮮有當其意者」；甚至說「大言欺人」「賊經害道」〔註20〕。尤其是後者戴震對鄭樵的批評，更是章學誠所大不以爲然的，故而奮起爲鄭樵辯護，他說：

> 學者少見多怪，不究其發凡起例，絕識曠論，所以斟酌群言，爲史學要刪；而徒摘其援據之疏略，裁翦之未定者，紛紛攻擊，勢若不共戴天。……夫鄭氏所振在鴻綱，而末學吹求則在小節。……自遷固而後，史家既無別識心裁，所求者徒在其事其文，惟鄭樵稍有志乎求義。〔註21〕

又自述：

> 癸巳（1773）在杭州，聞戴徵君震，與吳處士穎芳談次，痛詆鄭君《通志》，其言絕可怪笑，以謂不足深辨，置弗論也。其後學者，頗有訾謷，因假某君敘說，辨明著述源流，自謂習俗浮議，頗有摧陷廓清之功。然其文上溯馬班，下辨《通考》，皆史家要旨，不盡爲《通志》發也。〔註22〕

〔註20〕陳振孫，《直齋書錄解題》卷2；馬端臨，《文獻通考》卷201；戴震，《戴震文集》卷9〈與任孝廉植書〉；丁丙，《善本書室藏書志》卷30。

〔註21〕《文史通義・申鄭》，頁136～137。

〔註22〕《文史通義・答客問上》，頁137。章氏雖然很多地方反對戴震，但事實上受戴氏影響很深。學誠以爲時人達儒當中唯戴氏可以「深悉古人大體，進窺天

連戴震這樣一流的學者，也痛詆鄭樵《通志》，其餘流品可能隨聲附和，形成一致性的見解，也就不問可知了。學誠力闢浮議，以爲「《通志》精要，在乎義例，蓋一家之言，諸子之學識，而寓於諸史之規矩，原不以考據見長也，後人議其疏漏，非也」〔註23〕。

當然，鄭樵撰就《通志》最終的目的仍然在於其一貫的原則。他要「貫二帝三王而通爲一家」、要「上通於堯、舜，旁通於秦、魯」、要「上通於黃帝，旁通於列國」的歷史「鴻綱」，也就是要歷史有縱向（貫通）與橫向（旁通）的聯繫，最後「會通」天下之書，達到司馬遷所說的「通古今之變」「極古今之變」的極致。換言之，亦即要符合其所提「周知遠近，洞察古今」的修史原則，成就《通志》。鄭樵反對「古今成間隔」的史書，他主張修通史來反映歷史的流變與全貌。這也是他一生最大的職志所在。

施丁在其《中國史學簡史》論鄭樵的會通僅作歷史文獻的彙輯工作，比起司馬遷的「通古今之變」的思想，仍有差距〔註24〕。在本文上述的分析理解下，似甚有商榷餘地。本文以爲其會通已不止於歷史文獻的彙纂，而有更高層次的理想；比起司馬遷的通古今之變，至少在觀念上亦已所差無幾。

至於章學誠本人的「通史說」內容是什麼則遠比他在〈申鄭〉〈釋通〉諸篇支持鄭樵的通史說更值得重視。他的通史說可以說是斷代史成爲傳統正統史學後的一種反動。在斷代紀傳體正史已居史撰主流的時代裏，學誠還力倡通史說，可謂是陳陳相因的傳統裏提出一種革新的氣象。學誠站在通史家的立場，在《文史通義‧釋通》中說：

> 其書雖不標通，而體實存通之義，經部流別不可不辨也。而若夫堯舜之《典》，統名《夏書》，《國語》《國策》，不從周記，太史公百三十篇，自名一子，班固〈五行〉〈地理〉，上溯夏周。古人一家之言，文成法立，離合銓配，惟理是視，固未嘗別爲標題，分其部次也。

〔註25〕

而梁武帝之《通史》是史籍標「通」的濫觴，以後「以典故爲紀綱」的杜佑《通典》，「以詞章存文獻」的裴潾《太和通選》與「正編年之的」的司馬光

地之純」，見〈答邵二雲書〉，頁320。

〔註23〕《文史通義‧釋通》，頁131自注。

〔註24〕施丁，《中國史學簡史》（河南：中州古籍出版社，1987）第十章第二節〈鄭樵著《通志》〉，頁137。

〔註25〕《文史通義‧釋通》，頁131。

《通鑑》都標目「通」字，可說「史部之通，於斯爲極盛」〔註26〕，而樵「生千載之後，慨然有見於古人著述之源」並「知作者之旨」〔註27〕，故「運以別識心裁，承通史家風」成就一家之言，所以是值得其推崇的。更甚者，章學誠進一步指出通史的優點，說：

> 通史之修，其便有六：一曰免重複，二曰均類例，三曰便銓配，四曰平是非，五曰去牴牾，六曰詳鄰事。其長有二：一曰具剪裁，二曰立家法。〔註28〕

以歷史敘事而論，通史可以綜合群史，刪繁就簡，系統有條，可爲學者提供方便；以內容而論，通史包羅萬有，貫通古今，也便於「辨章學術，考鏡源流」。六便之中，特別重要的是「免重複」，通史與斷代史最大的分野即在此則，免重複之後才能談到其餘項目，而最後達到「綱紀天人，推明大道」，把歷史當作一條不斷的長流來看待。學誠對通史的看法，至此才算完整。他的通史說主要可以說因鄭樵而有，受鄭樵的影響居多，所以他推崇之，而說：

> 鄭樵《通志》，卓識名理，獨見別裁。成一家言者，必詳人所略，異人之所同，重人之所輕，而忽人之所謹，……有以獨斷於一心，及其書成也，自然可以參天地而泣鬼神，契前修而俟後聖，此家學之所以可貴也。

這是以司馬遷之「通古今之變，而成一家之言」來聲援鄭樵的會通通史說。學誠揚馬而申鄭，不僅讓後世學者正視鄭樵家學，更替通史的地位與價值予以重新肯定。學誠以爲古代以來之經史，「雖不標通，而體實存通義」，他說：

> 古人不能任其先聲，後代不能出其規範，雖事實無殊舊錄，而辨名正物，諸子之意，寓於史裁，終爲不朽之業矣！〔註29〕

可謂至譽。然而學誠與鄭樵又有一點，是兩人截然異趣的，一般學者不甚知之。學誠固承鄭樵餘緒，亦主通史說，然其主通史之餘，並不反對斷代史，這點必須進一步釐清。學誠除了說明修通史有六便二長，但同時也說通史體

〔註26〕 《文史通義・釋通》，頁132。但其中《太和通選》本非通史，僅是章實齋以掌故入史之主張的一種體現而已，參陳光崇《中國史學史論業》，〈章學誠的史學〉，頁309。

〔註27〕 《文史通義・申鄭》，頁137。

〔註28〕 《文史通義・釋通》，頁133。

〔註29〕 《文史通義・釋通》，頁134。

例亦有三弊：「一曰無短長，二曰仍原題，三曰忘標目」〔註30〕。這點倒與劉知幾的看法相當，知幾曾說：

> 尋《史記》疆宇遼闊，年月遐長，而分以紀傳，散以書表，每論家國一政，而胡越相懸；敘君臣一時，而參商是隔。此其爲體之失者也。兼其所載，多聚舊記，時採雜言，故使覽之者事罕異聞，而語饒重出。此撰錄之煩者也。況《通史》以降，蕪累尤深，遂使學者寧習本書，而怠窺新錄。〔註31〕

以《史記》作爲紀傳體通史而論其缺失，顯然其體例有時代過長，修撰不易與檢索不便等缺點，學誠的主張與之雷同。可見學誠上論，亦深邃於史體史例之後而發的。之後，再看劉知幾是如何看待斷代史的？以《漢書》爲例，知幾又說：

> 如《漢書》者，究西都之首末，窮劉氏之廢興，包舉一代，撰成一書。言皆精練，事甚該密，故學者尋討，易爲其功，自爾迄今，無改斯道。〔註32〕

斷代史自此取得正統地位，歷代因之，「無改斯道」。後世學者大致以此而論，斷定知幾崇斷代反通史。然則，針對此者，學誠對知幾低估通史曾有所表示，說：

> 劉知幾六家分史，未爲篤論。《史記》一家，自是通史。劉氏以事罕異聞，語多重出譏之，非也。至李氏《南北史》，乃是集史，並非通史。通史各出義例，變通互古以來，合爲一家記載，後世如鄭樵《通志》之類足以當之。……蓋通史各溯古初，必須判別家學，自爲義例。〔註33〕

否定劉知幾，並爲司馬遷和鄭樵張目。但他否定知幾，並未否定班固的《漢書》。他在《文史通義‧書教下》亦肯定《漢書》「本撰述而非記注，則於近方近智之中，仍有圓且神者以爲之裁制，是以能成家而可以傳世行遠也」〔註

〔註30〕《文史通義‧申鄭》，頁137。

〔註31〕《史通釋評‧六家》，頁19。

〔註32〕《史通釋評‧六家》，頁22。

〔註33〕《章氏遺書‧丙辰箚記》（台北：漢聲出版社，1973），頁876下。劉章一詆通史，一稱通史，呂思勉以爲時代爲之，不足相非。語甚公允，詳氏著《史通評》，頁11。

〔註34〕《文史通義‧書教下》，頁13。

34）；《漢書》之後諸史即失卻班史之意，而以紀表志傳，同於科舉之程式，官府之簿書，遂失古人著史之宗旨。學誠不反對班固，柴德賡以爲是他比鄭樵高明的地方〔註35〕。

劉知幾尙有譏班固表志斷限不清之語，說他「表志所錄，乃盡犧年，舉一反三，豈宜若是？」又說：「如班書〈地理志〉，首全寫〈禹貢〉一篇，降爲後書，持續前史。蓋以水濟水，床上施床，徒有其煩，竟無其用，豈非惑乎？」〔註36〕，但學誠卻以爲「〈地理〉始〈禹貢〉，〈五行〉合春秋，補司馬遷之闕略，不必以漢爲斷也」〔註37〕，這也是「雖不標通，而體實存通」的意旨。而且表志所錄，與人物紀傳不同，它仍是要因仍前代的，所以雖稱斷代，也要具有相通之義。章學誠還例舉許多史書：

> 標通而限以朝代者也，李氏《南北史》，薛歐《五代史》，斷代而仍
> 行通法者也。其餘紀傳故事之流，補轉纂錄之策，紛起雜起，雖不
> 能一律以繩，要皆仿蕭梁《通史》之義而取便耳目，史部流別不可
> 不知也。〔註38〕

學誠此見，饒有意義。雖非通史，但仍可具有通意。這是鄭樵所未見，而爲學誠所獨發爲論的。這點也是章學誠高明過於劉、鄭兩人之處。以此而論，則知幾主張斷代史亦可具有通意，是亦可斷定。其實劉知幾取其書命名爲《史通》時，部分即有效法司馬遷撰述《史記》通史之意。劉知幾雖未撰成《史記》以下迄於唐初的通史，但最後改變方向轉寫成以批評古書古事爲主的《史通》，其目標仍在彰顯「上窮王道，下挨人倫，總括萬殊，包吞千有」之「通」意。

究其實際，以今日史學角度來看，斷代已可具通意，如蕭一山以有清一代之史撰成《清代通史》，即可能附同此意，設以一般學者所論，按古代成例，則蕭書斷清代何可得謂「通史」？然蕭書固研有清一代二百六十餘年歷史之名著也。

〔註35〕柴德賡，〈試論章學誠的學術思想〉，收入氏著，《史學叢考》（北京：中華書局，1982）頁303。
〔註36〕《史通釋評・斷限》，頁117。
〔註37〕《文史通義・釋通》，頁132。劉知幾雖不主張通史，卻有豐富的通識觀念，不因他主張斷代而減少，關於此則，請參拙著《劉知幾史通之研究》（台北：文史哲出版社，1987）第三章，頁31～40。或註3所引論文，頁22～24。
〔註38〕《文史通義・釋通》，頁132。

前述以鄭樵通史說為主，再及章學誠由申鄭揚馬而論通史，最後與劉知幾之斷代說相比論，可悉結果並不如表面浮看三氏有關通史說之結論一樣，實際其中仍有很深的內涵。文中最後提出劉知幾斷代史論亦具通意，只是鄭樵當時未能審悉而已，此點雖不敢說是本文的獨見，但或當是所論較詳耳。

在劉、鄭、章三氏史學理論當中，固有通史說之爭，但不管內容究竟是何？其極致的目標都在追求司馬遷所立下的「欲以究天人之際，通古今之變，成一家之言」的宏旨，這句名言至今猶有追求的價值，不管是透過通史或斷代史的編年體或紀傳體，乃至本末體或今之章節體的任何方式，都是依然如此的。從現代史學的觀點來看，通史、斷代史仍可相互為用，不能偏執一方。斷代史可保存大量史料，通史則可貫穿會通斷代諸史，各有職司，不能替代，史學界宜其諸體並行發展，始能綻放異彩。

（三）理論之二：經世說

中國史學經世的傳統古老而悠久，內容甚為豐富，要求實用並極具深意，已有不少名家大作談論及此〔註39〕，本文自應避免再作贅言，於此僅擬直截以劉知幾、鄭樵、章學誠三氏之「經世說」入手討論。大致三氏史學的經世作用，主要可由（一）以史為鑒；（二）闡揚教化；（三）通古今明變化三方面加以考察。以下即分別述之。

對劉知幾而言，他沿襲古來「前事之不忘，後事之師」「多識前古，貽鑒將來」之遺意，也說：

> 用使後之學者，坐披囊篋，而神交萬古，不出戶庭，而窮覽千載，
> 見賢而思齊，見不賢而內自省。〔註40〕

又：

> 史之為務，申以勸戒，樹之風聲。其有賊臣逆子，淫君亂主，苟直
> 書其事，不掩其瑕，則穢迹彰於一朝，惡名被於千載。〔註41〕

〔註39〕 可參施丁，〈中國史學經世思想的傳統〉，《史學史研究》1991：4，頁 35～46
及 71。胡逢祥，〈史學的經世作用和科學性〉，《探索與爭鳴》1992：2，頁 8
～16。暴鴻昌，〈清代史學經世致用思潮的演變〉，《中國社科院研究生院學報》
1991：1，頁 31～38。張灝，〈宋明以來儒家經世思想試釋〉，《近世中國思想
研討會論文集》（台北：中研院近史所，1984），頁 3～19。
〔註40〕 《史通釋評‧史官建置》，頁 349。
〔註41〕 《史通釋評‧直書》，頁 227。

其意蓋謂後世來者，藉讀史書可以知千載萬古之事，而見賢思齊，見不賢則戒之，甚至緣由於此而進一步可以明白興廢窮達之理。〈鑒識〉篇有云：

> 夫人興廢時也，窮達命也。而書之為用，亦復如是而自秦至晉，年逾五百，其書隱沒，不行於世。既而梅氏寫獻，杜候訓釋，然後見重一時，擅名千古。

以上顯然可見知幾都以史書史學為論，說明研究歷史的目的，本在於經世致用，於人道有益。除此之外，他更以為史學應具有鑒誡教化的作用，而說：

> 蓋烈士徇名，壯夫重氣，寧為蘭摧玉折，不作瓦礫長存。若南、董之仗氣直書，不避強禦，韋、崔之肆情奮筆，無所阿容。雖周身之防有所不足，而遺芳餘烈，人到於今稱。〔註42〕

又：

> 若乃《春秋》成而逆子懼，南史至而賊臣書，其記事載言也則如彼，其勸善懲惡也又如此。由斯而言，則史之為用，其利甚博，乃生人之急務，為國家之要道。有國有家者，其可缺之哉！故備陳其事，編之於後。〔註43〕

史學既以經世為務，則內容則重在勸善懲惡上，唯有如此，始能樹立教化的典範。《史通・曲筆》云：

> 蓋史之為用也，記功司過，彰善癉惡，得失一朝，榮辱千載。苟違斯法，豈曰能官？但古來唯聞以直筆見誅，不聞以曲詞獲罪。是以隱候《宋書》多妄，蕭武知而無尤；伯起《魏史》不平，齊宣覽而無譴。故令史臣得愛憎由己，高下在心，進不憚於公憲，退無愧於私室，欲求實錄，不亦難乎？嗚呼！此亦有國家者所宜懲革也。

知幾深斥魏收之《魏書》為穢史，沈約《宋書》多妄，即在於兩書不能記功過、明鑑戒與直書實錄，反致輕事塵點，曲筆偽錄。因而知幾提出欲明教化，首需直筆論。秉筆而直書，始有益人倫教化，也才能達到「勸戒」的作用。否則，史家即未盡史職，〈申左〉篇說：

> 至於實錄，付之丘明，用使善惡畢彰，真偽盡露。向使孔經獨用，《左傳》不作，則當代行事，安得而詳者哉？蓋語曰：仲尼修《春秋》，逆臣賊子懼。又曰：《春秋》之義也，欲蓋而彰，求名而亡，

〔註42〕《史通釋評・直書》，頁229。
〔註43〕《史通釋評・史官建置》，頁349～350。

善人勸焉，淫人懼焉。尋《左傳》所錄，無愧斯言。此則傳之與經，

其猶一體，廢一不可，相須而成，如謂不然，則何者稱爲勸戒者哉？

他推許《左傳》爲實錄，便因左丘明繼承了孔子的「春秋之義」，使得「善惡畢彰，眞僞盡露」。可見其直筆論所強調的從實而書，眞僞盡露，本身即具善惡畢彰的功用，進而有勸戒的目的。知幾此說與《國語・楚語》記載申叔時論教太子，主張「教之春秋，而爲之聳善而抑惡焉」，與孔子因見「世衰道微，邪說暴行有作」而修《春秋》是一致的〔註44〕。後世歐陽修、朱熹等人編史，亦悉力摹擬《春秋》筆法，至章學誠《文史通義》亦猶一再要求「史書之書，其所以有裨風教者」，「綱常賴以扶持，世教賴以撐柱」，都可說著眼於闡揚人倫教化，有益世道人心所致。

知幾還在《史通・自敘》表示《史通》：「雖以史爲主，而餘波所及，上窮王道，下掞人倫，總括萬殊，包呑千有。」其所要表達的涵義，「有與奪焉，有褒貶焉，有鑑誡焉，有諷刺焉。」知幾從歷史的研究出發，最後提昇到「王道人倫」的層次，〈載文〉篇有云：

夫觀乎人文，以化成天下；觀乎國風，以察興亡。是知文之爲用，遠矣大矣。若乃宣、僖善政，其美載於周詩；懷、襄不道，其惡存乎楚賦。讀者不以吉甫、奚斯爲諂，屈平、宋玉爲謗者，何也？蓋不虛美，不隱惡故也。是則文之將史，其流一焉，固可以方駕南、董，俱稱良直矣。〔註45〕

雖知幾由文及史而成其中史論，然其中「化成天下」，「以察興亡」，亦頗有通古今明變化之效，與司馬遷之「究天人之際，通古今之變」，鄭樵之「會通之義」「極古今之變」，章學誠之「綱紀天人，推明大道」都具有相同的意義，都是要由歷史或史學的發展，來明其「變通弛張之故」，亦即由考察世變，而取爲世用。這一點應是傳統史學之中理論層次較高的一種經世思想，古代史家能眞正做到此點的恐怕不多〔註46〕。

鄭樵的經世思想亦表現在直筆論，他主張讓史實說話，史家的責任即是直書，他說：

史冊以詳文該事，善惡已彰，無待美刺。讀蕭、曹之行事，豈不知

〔註44〕《孟子・公孫丑》語。

〔註45〕《史通釋評・載文》，頁147。

〔註46〕參胡逢祥，〈史學的經世作用和科學性〉，頁9。

其忠良？見莽、卓之所爲，豈不知其凶逆？〔註47〕

不必任情褒貶，只須如實反映史實。這是劉知幾直筆論的繼承和發揚。他認爲要客觀記載史事亦不容易，首先即需做到「平心直道」，何以謂之？鄭樵說：

著書之家，不得有偏徇而私生好惡，所當平心直道，於我何厚，於人何薄哉？〔註48〕

他並自解：

心平者，然後可以語道。氣和者，然後可以論人。論人之道，不可偏循。〔註49〕

上則有兩層意思：（一）反對私心好惡；（二）不能厚我薄人，才能客觀眞實記載，在《通志·總序》說「不爲智而增，不爲愚而減」，就是這個意思。章學誠受到影響，也說史書取材，注重徵實，蓋史家文字必有所本，不可任意更張。《文史通義·書教下》云：

史爲記事之書，事萬變而不齊，史文屈曲而適如其事，則必因事命篇，不爲常例所拘；而後起訖自如，無一言之或遺而或溢也。

直書實錄是史學經世的首要條件，前已論及，茲理已易明。

鄭樵對當時流行的欺天欺人的妖妄之學，亦甚不以爲然，他主張研究「實學」，其所謂實學，是指用實事求是的態度而求得的眞實可靠學問，具體地說是指經過實踐而眞正認識天文地理、草木蟲魚、鳥獸田里、車輿器服等等客觀實物的知識。他認爲要求得實學，不能僅靠書本，因爲「五方之名，既已不同，而古今之言，亦自差別」〔註50〕，故學者必須走出書房，深入實際，「廣覽動植，洞見幽潛，通鳥獸之情狀，察草木之精神，然後參之載籍，明其品彙」〔註51〕。他自述其經驗時說：

臣結茅夾漈山中，與田夫野老往來，與夜鶴曉猿雜處，不問飛潛動植，皆欲究其情性。已得鳥獸草木之眞，然後傳《詩》；已得詩人之興，然後釋《爾雅》〔註52〕。

鄭樵亦重視自然科學知識的學習，對天文的認識，自謂得益於丹元子之《步

〔註47〕《通志略·總序》，頁3。
〔註48〕《通志略·氏族略第三》〈按語〉，頁49。
〔註49〕《通志》（台北：新興書局，1965）卷179〈宦者傳〉，頁2865。
〔註50〕《通志略·昆蟲草木略序》，頁786。
〔註51〕《通志略·總序》，頁5。
〔註52〕《通志略·昆蟲草本略·序》，頁786。

天歌》：

> 一日得《步天歌》而誦之，時素秋無月，清天如水，長誦一句，凝
> 目一星，不三數月，一天星斗，盡在胸中矣。〔註53〕

如此才能「深知天」而不談災祥，其他在地理、草木、金石、器用都是援用
此理，可以窺其治學必切合於實用。

在經世思想之下，鄭樵亦反對空談義理，他說：

> 後人學術難明者，大概有二：一者義理之學，二者辭章之學。義理
> 之學尚攻擊，辭章之學務雕搜。……要之，辭章雖富，如朝霞晚照，
> 徒焜燿人耳目；義理雖富，如空谷尋聲，靡所底止，二者殊途而同
> 歸，是皆從事於語言之末，而非實學也。〔註54〕

辭章、義理之學以形式、虛無為宗，置實學於不問，故鄭樵反對之，並進而
主張史學著作應當講究實用，而「欲有法制可為歷代有國家之紀綱規模」。

鄭樵亦以實用實行的角度，提倡史書重視圖譜之學。他說：「天下之事，
不務行而務說，不用圖譜可也，若欲成天下之事業，未有無圖譜而可行於
世者」〔註55〕，又說「秦人雖棄儒學，亦未嘗棄圖書，誠以為國之具，不
可一日無也」〔註56〕。其次，學者欲明治學行事之理，亦須重視圖譜之學，
有云：

> 古之學者，為學有要，置圖於左，置書於右，索象於圖，索理於書，
> 故人亦易學，學亦易為功，舉而措之，如執左契。後之學者，離圖
> 即書，尚辭務說，故人難為說，學亦難為功，雖平日胸中有千章萬
> 卷，及置之行事之間，則茫茫然不知所尚。〔註57〕

鄭樵復以天文地理、宮室器用、車旗衣裳、壇兆都邑、城築田里、會計法制、
班爵古今名物等十六類學問，亦需有圖，他說：「圖譜之學不傳，則實學盡化
為虛文矣」〔註58〕。由上可以擴大地述說其〈二十略〉都講究實學，對生民
休戚都有幫助。

復次，鄭樵對國家分合、民族矛盾及社會經濟都十分關懷。鄭樵年輕

〔註53〕《通志略‧天文略序》，頁197。
〔註54〕《通志略‧圖譜略‧原學》，頁729。
〔註55〕《通志略‧圖譜略‧索象》，頁729。
〔註56〕《通志略‧圖譜略‧索象》，頁729。
〔註57〕《通志略‧圖譜略‧索象》，頁729。
〔註58〕《通志略‧圖譜略‧原學》，頁729。

時躬逢靖康之難，北都淪陷，二帝蒙塵，高宗遷臨安，偏安一隅，開始分裂時代。宋金對峙之下，秦檜提出「南自南，北自北」的現實主張，但鄭樵則希望結束這種分裂的局面。他與其從兄鄭厚曾上書樞密宇文虛中，自命程嬰、杵臼、荊軻、聶政、紀信、馬援、范滂，欲在時勢上有所作為，書中有曰：

> 今天子蒙塵，蒼生鼎沸，典午興亡，卜在深源一人耳。厚兄弟用甘一死，以售功、售名、售義、售知己，故比見閣下以求其所也！〔註59〕

後來又有〈投江給事書〉，也說：

> 且為閣下言之：峨冠博帶，曳裾投刺者，或挾親而見，或挾故而見，或階緣親故先容而後見也。跡相仍，袂相屬也。然有畫一奇，吐一策，為閣下計者乎？有人於此，親非崔盧，故非王貢，又無左右介紹，為之先容，敢仗天下大計堂堂求見，閣下謂此人胸中當何如哉？……厚與樵見今之士大夫齷齪不圖遠略，無足與計者，用自獻於閣下。〔註60〕

從這兩封投書，可以證明其愛國情操強烈，這也說明樵與厚二十來歲時，頗有用世之志，但因挫折連連，轉志於學問名山之業〔註61〕，以後著述，仍多受時代影響。如在《通志略‧都邑略》中主張以南陽「為中原新宅」，恢復統一，〈七音略〉中以為凡「宣尼文化」所被地區，「皆吾故封」，都是其經世致用思想的再現。

在社會經濟方面，因兩宋之際土地高度集中，人民賦稅沉重。南渡以後，江南地區人民負擔更重，「朝廷所仰，惟兩浙、閩廣、江南，才平時五分之一，兵費反逾前日」〔註62〕，《宋史‧食貨志》也說：「催科無法，賦役不均」〔註63〕，可見人民生活痛苦。福建福州一帶，從高宗建炎二年至紹興三十年，有亂事多起，鄭樵目睹耳聞生民大眾的苦難，作詩寄以無限同情，詩云：

> 天命既倒懸，將身費椒糈，朝行畏日薄，暮行畏齟齬。娵娃雖見珍，眾嬋心未許，展轉涸鮒歜，敢矣慶雲集。

〔註59〕 《夾漈遺稿‧與景韋兄投宇文樞密書》，頁 525。

〔註60〕 《夾漈遺稿‧與景韋兄投江給事書》，頁 527 下～528 上。

〔註61〕 顧頡剛，〈鄭樵傳〉，《北大國學季刊》1：1（北平，1923），頁 313。

〔註62〕 莊綽，《雞肋編》（台北：台灣商務印書館，景印文淵閣四庫全書本，第 1039 冊，1983 年重刊），卷中，頁 179。

〔註63〕 《宋史‧食貨志上》（台北：鼎文書局，1979）一，頁 4159。

> 金革久不息，遐方徒憚指，誰爲民請命，皇天猶未喜，茂德自不綏，
>
> 眷眷我梓里，傷哉古王道，樵夫亦齒冷。〔註64〕

又說「應知古今無不可理之民，無不可化之俗」〔註65〕，他認爲民眾聚結爲
亂，滋事抗拒，雖有爲官所逼，但主要原因則在於土地問題，他曾說「當使
一民有百畝之田」，使「天下無無田之失，無不耕之民」〔註66〕，以解決唐宋
以來久懸的社會問題。他在《通志略・食貨略》中，以「按語」的形式揭露
唐末以降近五百年的社會經濟並未改善，而且似乎每下愈況，所以他說「後
世之民，其難爲民矣」，深切表達他對一般低下階層民眾的同情。他除了希望
政府讓民眾有土地可耕之外，還主張減輕與平均賦役的負擔，讓民眾免於憂
患，擺脫社會危機。鄭樵關心社會經濟的「按語」，是其眞識，是其史學理論
經世部分的重要成說。

　　至清乾嘉之世，章學誠亦大談「史學所以經世」，對古代史學經世的傳統
作了明確的肯定和總結。他在《文史通義・浙東學術》中說：

> 史學所以經世，固非空言著述也。且如《六經》，同出於孔子，先儒
> 以爲其功莫大於《春秋》，正以切合當時人事耳。後之言著述者，舍
> 今而求古，舍人事而言性天，則吾不得而知之矣。學者不知斯義，
> 不足言史學也。

明確表達「史學經世」的觀點。他又在此語之下自注：「整齊排比，謂之史纂；
參互搜討，謂之史考；皆非史學」爲其所謂之「史學」作進一步解釋，其意
蓋在凡稱「史學」，必然「經世」。除此之外，上句話尚須做下列兩方面的理
解。

　　1、文中所談「舍今而求古，舍人事而言性天」是「不足言史學」，乃有
其時代性，反映當時乾嘉學風有所謂「漢學」與「宋學」之分，「漢學」務實
學，以考據爲主；「宋學」尚性理，以議論爲主。議論一偏，有空談性理不切
人事之弊；考據一偏，有脫離實際煩瑣考証之弊。兩者各立門戶，各是其是；
又互相詆毀，揭露對方，實際則未繼承古來經世致用的傳統。學誠面對當時
盛行的考據學風，指出其偏弊爲「古人之考索，將以有所爲也，旁通曲証，

〔註64〕《夾漈遺稿・滌素》，頁509。
〔註65〕鄭樵，〈邑大夫丘君生祠記〉，原載《興化縣志》卷7，本文轉引自婁曾泉，〈跋
　　　　鄭樵的四篇佚文〉，《史學史研究》1981：1，頁53。
〔註66〕《通志略・食貨略第一》〈賦稅〉按語，頁539。

比事引義，所以求折中也；今則無所爲而竟言考索」〔註 67〕，即對考事不引義表示遺憾。又說：「近日學者風氣，徵實太多，發揮太少，有如桑蠶食葉而不能抽絲」〔註 68〕，此爲學誠對考據雖有實學而無實用之批評。另者，他亦反對性理之學，以爲是「惟騰空言而不切於人事」，「朱陸異同，干戈門戶，千古桎梏之府，亦千古荊棘之林也；究其所以紛論，則惟騰空言而不切於人事」。又說：「彼不事所事，而倡空言德性，空言學問，則黃茅白葦，極面目雷同，不得不殊門戶以爲自見地耳，故惟陋儒則爭門戶也」〔註 69〕。他的批評可謂嚴肅而且中肯。因而學誠才針對兩者提出上句話「史學所以經世，固非空言著述也。……」批評了漢宋兩學的不知史學，並進一步指出考據博古，也爲了通今；言性天義理，也爲了人事，史學是「所以經世」的。基於這個史學理論，學誠強調博古與通今的會通之旨，是要達到經世致用的基本要求之一〔註 70〕，學誠深明古今之聯繫，故反對「博古」而「昧於知時」。他一向強調「禮時爲大」，說「學者昧於知時，動矜博古，譬如考西陵之蠶桑，講神農之樹藝，以謂可禦饑寒，而不須衣食也」〔註 71〕。他也在〈原學上〉說：「求其前言往行，所以處夫窮變通久者，而多識之，而後有以自得所謂成象者，而善其效法也」。學古是爲了效法，效法是爲了今用。「故效法者，必見於行事」〔註 72〕，這點已包括以史爲鑒的涵意而更爲推廣了。

不過，章學誠並不完全否定歷史考據，亦無意打倒考據家，他曾說：「考索之家，亦不易易，大而《禮》辨郊社，細若《雅》注蟲魚，是亦專門之業，不可忽也。」〔註 73〕，所以因其弊而救其偏，提出經世說。換言之，他以爲博古是需要的，但不能爲博古而博古，一定要考慮切於實用。故而針對當時之學者「但誦先聖遺言，而不達先王之制度，是以文爲鞶帨緂繡之玩，而爲鬥奇射覆之資，不復計其實用」的狀況，強調「有體必有用」，並指出：

> 君子苟有志於學，則必求當代典章以切於人倫日用，必求官司掌故而通於經術精微，則學爲實事而文非空言，所謂有體必有用也。不

〔註 67〕 《文史通義·博雅》，頁 194。
〔註 68〕 《文史通義·與汪龍莊書》，頁 328。
〔註 69〕 以上所引均見《文史通義·浙東學術》，頁 52～54。
〔註 70〕 施丁，〈中國史學經世思想的傳統〉，頁 45～46。
〔註 71〕 《文史通義·史釋》，頁 152。
〔註 72〕 《文史通義·原學》，頁 45。
〔註 73〕 《文史通義·答沈楓墀論學》，頁 338。

知當代而言好古，不通掌故而言經術，則鑿帨之文，射覆之學，雖
極精能，其無當於實用也，審矣！〔註74〕

以上實際將「學為實用」「學術經世」的奧蘊剖析得非常清楚。這種博古通今
的思想，除對漢宋兩學的批評，也可為好古敏求者的藥石。

2、文中還發揮了「六經皆史」之說。其說可分為兩方面來解釋，一解為
史料，請參拙作〈章學誠史學中的方法論〉一文〔註75〕，茲處不贅；一則解
為經世意義，則置於此申說之。合此兩義，始能掌握學誠六經皆史的內涵。
他在《文史通義》卷首即說：「六經皆史也。古人不著書，古人未嘗離事而言
理，六經皆先王政典」，又說：

六經不言經，三傳不言傳。……古人所謂經，乃三代盛時典章法度，
見於政教行事之實。〔註76〕

若夫六經，皆先王得位行道，經緯世宙之迹，而非托於空言，故以
夫子之聖，猶且述而不作。〔註77〕

異學稱經以抗六藝，愚也。儒者僭經以擬六藝，妄也。六經初不為
尊稱，義取經綸為世法耳。〔註78〕

六經皆史，學誠自解為「先王政典」，具史料之意濃厚。但這些政典是用來「經
緯世宙」的。六經之被稱為經，也並非尊稱，不過是「義取經綸為世法耳」。
由此可以推知六經皆史的另一個更深層次的意義即在於「經世」。章學誠從此
點出發，提出史學所以經世的主張，因而有〈浙東學術〉篇的申論發揮，而
最後做到集浙東史學的大成〔註79〕。

學誠在許多篇章如〈易教上〉〈經解上〉〈經解下〉〈史釋〉等都申述經世
致用的看法，其所論著大多有關於當時學術之發展及社會風尚利弊得失。他
說：「學業將以經世，當視世所忽者而施挽救焉。」〔註80〕因此，他認為做學
問不能趕風頭趨時好。他自己不受當時流行的乾嘉學術影響，堅持走經世致

〔註74〕《文史通義・史釋》，頁151～152。
〔註75〕拙稿，刊於《興大文史學報》第25期（台中：興大文學院，1995.3），頁67
～77。亦見本書第7篇。
〔註76〕《文史通義・經解上》，頁28。
〔註77〕《文史通義・易教上》，頁2～3。
〔註78〕《文史通義・經解下》，頁31。
〔註79〕倉修良，〈章學誠與浙東史學〉，《史學史研究》1981：1，頁119。
〔註80〕《文史通義・答沈楓墀論學》，頁338。

用之路，即是最佳說明。他要求：

> 文章經世之業，立言亦期有補於世，否則古人著述已厭其多，豈容
> 更益簡編，撐床疊架爲哉？〔註81〕

> 人生不饑，則五穀可以不藝也；天下無疾，則藥石可以不聚也。學
> 問所以經世，而文章期於明道，非爲人世樹名地也。〔註82〕

他在〈說林〉一文，亦反覆舉例論述，意旨都在表明學術研究須與其當前社
會需要密切結合，不可脫離社會現實閉門造車。他自己也是此項主張的實踐
者，除了不空言著述外，亦積極關切社會政治之事，亦即人雖在廟堂之外，
卻憂心廟堂內之事，曾云：

> 近年以來，內患莫甚於蒙蔽，外患莫大於教匪。事雖二致，理實相
> 因，今蒙蔽既決於崇朝，則教匪宜除於不日，而強半年來，未見鑿
> 然可以解宵旰憂者。〔註83〕

又：

> 夫此時要務，莫重於教匪，而致寇之端，全由吏治，吏治之壞，由
> 於倉庫虧空，請求設法彌補，設法之弊，實與寇匪相爲呼吸。聖天
> 子方勵精圖治，此事朝野通知，而未見有人陳奏，必有慮及國計，
> 恐難於集義也。言路諸臣，不免疑阻，別非閣下居朝夕啓沃之地，
> 殆難以筆墨罄也。小子不揣，擬爲論時務書，反復三千餘言，無門
> 可獻，敢以備采納也。〔註84〕

章學誠上時務書及宰相書時，年已六十二，猶不忘世事，冀當局採納其建議，
遂其經世說的理想。可見終其一生，其志不渝。其經世說尚表現在民族思想
上，《章氏遺書》中有許多是表彰明季忠烈的篇章，如〈徐漢官學士傳〉、〈章
烙庵遺書目錄序〉等等。不過若據此說學誠亦有故國之思的民族思想，則恐
未盡然。蓋學誠思想仍有其保守性，亦主擁護時王，故筆者以爲學誠撰寫這
些文章，毋寧說是出自於史家的直筆精神較爲恰當。直筆論是史學之所以經
世的先決條件，否則，史學豈非徒託空言？更談何經世的作用！

　　再者，方志的編修，亦有學誠經世致用思想的落實，因爲他認爲志爲地

〔註81〕　《文史通義・與史餘村》，頁322。
〔註82〕　《文史通義・說林》，頁124。
〔註83〕　《章氏遺書・上執政論時務書》，頁732～736上。
〔註84〕　《章氏遺書・上韓城相公書》，頁736下。

方之史，仍具經世作用。他說：

> 史志之書，有裨風教者，原因傳述忠孝節義，凜凜烈烈，有聲有色，
> 使百世而下，怯者勇生，貪者廉立，《史記》好俠，多寫刺客畸流，
> 猶足令人輕生增氣，況天地間大節大義，綱常賴以扶持，世教賴以
> 撐柱者乎！〔註85〕

他以為方志對社會能起教育作用，而達到維護社會秩序與綱常倫理的目的，
因而他對人物之善惡賢奸特別重視。他說：

> 邑志尤重人物，取舍貴辨真偽。凡舊志人物列傳，例應有改無削；
> 新志人物，一憑本家子孫列狀投櫃，核實無虛，送館立傳，此俱無
> 可議者。但所送行狀，務有可記之實，詳悉開列，以備采擇，方准
> 收錄。如開送名宦，必詳曾任何職，實興何利，實除何弊，實於何
> 事，有益國計民生，乃為合例。如但云清廉勤慎，慈惠嚴明，全無
> 實徵，但作計薦考語體者，概不收受。……否則行皆曾史，學皆程
> 朱，文皆馬班，品皆夷惠，魚魚鹿鹿，何辨其偽哉！〔註86〕

學誠強調方志應「徵信」，與一般史著的要求無二。透過人物言行反映歷史，
亦予人物歷史之評判，使善惡賢奸皆載入史冊，傳諸萬世，供後人審判鑒戒。
而且方志也可為朝廷修國史提供豐富而可靠的資料，章學誠在〈州縣請立志
科議〉有云：

> 譜牒散而難稽，傳志私而多諛，朝廷修史，必將於方志取其裁。而方
> 志之中，則統部取於諸府，諸府取於州縣，亦自下而上之道也。然則
> 州縣志書，下為譜牒傳志持平，上為部府徵信，實朝史之要刪也。

又說：

> 方州雖小，其所承奉而施布者，吏戶禮兵刑工無所不備，是則所謂
> 具體而微矣。國史於是取裁，方將如《春秋》之藉資於百國寶書也，
> 又何可忽哉？〔註87〕

可見學誠強調的地方之史——方志可以為「國史之要刪也」，倉修良以為亦足
反映章學誠的經世致用思想〔註88〕，此見無誤。

〔註85〕《文史通義‧方志略例三》〈答甄秀才論修志第一書〉，頁479。
〔註86〕《文史通義‧方志略例三》〈修志十議〉，頁488。
〔註87〕《文史通義‧方志立三書議》，頁390～391。
〔註88〕倉修良，〈章學誠和方志學〉，《中國史學史論集》（上海：人民出版社，1980），
第二冊，頁589。

（四）小　結

史學理論的建構，是史學史的重要任務之一，史學理論的發展不能脫離對史學史的探討，本文即依循此方向針對史學史上三位重要的史家進行彼等史學理論的探索工作，內容暫先以通史說及經世說爲主加以陳述並比較之。

「通史說」是由三氏史學思想中的通識觀念出發而論述的，鄭樵的《通志》是繼《史記》之後，仍然現存的一部紀傳體通史，鄭樵擬通過此書實現其通貫二帝三王而爲一家之思想，易言之，即欲極古今之變。鄭樵非訴班固斷代失去相因之義，而陳其弊有三，曰：重複、隔絕、不一致。雖其惡詈班固甚失風度且欠公允，其《通志》亦成書倉促，未必周備，但章學誠以其「別識心裁，成一家之言」，仍存史學精意，而予以高評。學誠申鄭揚馬，亦贊成通史體裁有六便二長，可達「綱紀天人，推明大道」，但並不貶低斷代爲史，仍承認班固《漢書》亦屬圓而神的「撰述」之業，這是他比鄭樵高明之處。同時他以爲古書表志大多因仍前代，雖稱斷代，實具通意，故知雖非通史，仍有通意，此點更超越劉、鄭兩氏。知幾雖不主張通史，但由其注重「通識」，欲仿效司馬遷《史記》，命其書名爲《史通》，亦可證其目標仍在「上窮王道，下洨人倫，總括萬殊，包吞千有」之通意，故表面上鄭主通史，劉主斷代，章則申鄭抑劉，亦主通史，但實際其心目中史裁優撰猶有本末一體，並肯定斷代史仍可具有通意，並不完全如劉氏以斷代繩諸《漢書》以後諸史，而欲爲法式；亦不若鄭氏只知斷代不可「會通」，而未審通史亦有三弊。

「經世說」述劉知幾以《史通》爲底蘊，暢述其直筆論，可致：（一）以史爲鑒，或法或戒；（二）闡揚教化，以爲倫理道德教育之資材；（三）最後則達通古今明變化，以供當世之用與推測未來。鄭樵亦以直筆論表現其經世思想。除此之外，與劉章兩氏不同者是鄭氏刻意注重實學，如天文地理、宮室器用、金石圖譜等等，莫不引爲經世濟用之本，尤其生世遭逢國家分合、外族入侵之大變，其所主張，皆與生民休戚有關，此點又是劉章所未逮。學誠亦以史爲鑒，但他強調博古與通今的會通之旨，則似比前兩氏更深一層。除此外，其最大貢獻恐是提倡「六經皆史」爲「經緯世宙」之意，六經乃是「義取經綸爲世法耳」，涵義至廣，爲其千古名論。而其關心政治社會，亦不讓劉鄭兩氏專美。至於以修撰方志來達到經世目的，則因時代因素，惟章氏獨有其論。由上又可知史學經世往往因時代不同而內容也有所不同。

六、劉知幾、鄭樵、章學誠的史學理論及其比較（下）*

摘　要

　　本文針對唐代劉知幾、宋代鄭樵、清代章學誠三位異代史家對傳統史學技藝與形式之相關言論與主張，提出「三長說」「史文說」以抉發敘論之。就「三長說」而言，劉氏首倡史才史學史識，以得「識」最要最難。鄭氏並未續倡此說，僅稱譽司馬遷與劉知幾為二良史，其論據顯受劉氏所影響。章氏則伸說史德，並以三長結合事、文、義及義理、辭章、徵實，賦與三長說新內涵。就後者「史文說」言，則三氏一致反對文士撰史，劉氏說其理在文士無「銓綜之識」，章氏則曰撰史須「陶鑄成文」，文士不可企及。至於操觚之道，劉主直書實錄，章則「史文屈曲而適如其事」，鄭氏所論則弗若兩氏深刻。

---

* 　本文原刊於《國立中興大學臺中夜間部學報（Journal of Taichung Evening School, NCHU）》第二期（台中，1996.11）頁 201～222。

（一）前　言

　　茲文原為《興大台中夜間部學報》創刊號拙文〈劉知幾鄭樵章學誠的史學理論及其比較（上）〉之貂續，承前文續論唐代劉知幾、宋代鄭漁仲、清代章學誠有關歷史家技藝與歷史文章表現形式的不同理論，並比較之。內文專注三人相關理論的傳承沿襲及影響發展而抉發為論，並就其異同優劣加以比較，期以歸納整理及比較之法，而得以深化三氏史學理論，使吾人明白中國傳統史學，特別是劉鄭章三位重要史家都具有宏偉精深的學術氣象與豐富內涵，值得後人崇仰與珍惜。以下即以「三長說」「史文說」續發為論。

（二）理論之三：三長說

　　對於史家的才具，劉知幾首次系統地提出才學識「三長說」，又稱「史才論」，或稱「史才三長論」，為後世學者持為評論史家高低的標準。「三長說」的提出，原不在《史通》專篇之中，而是知幾在回答當時禮部尚書鄭惟忠所問：「自古以來，文士多而史才少，何也？」後為《舊唐書》及《唐會要》所收羅，因所言關乎史學理論，故屢為後世學者所援引發論，其原文是：

> 史才須有三長，世無其人，故史才少也。三長謂才也，學也，識也。夫有學而無才，亦猶有良田百頃，黃金滿籝，而使愚者營生，終不能致於貨殖者矣。如有才而無學，亦猶思兼匠石，巧若公輸，而家無梗柟斧斤，終不果成其宮室者矣。猶須好是正直，善惡必書，使驕主賊臣所以知懼，此則為虎傅翼，善無可加，所向無敵者矣。脫苟非其才，不可叨居史任，自敻古已來，能應斯目者，罕見其人。
>
> 時人以為知言。〔註1〕

才學識的涵意如何？知幾本人並「未加以解釋」〔註2〕，因而本文擬就兩方面來闡說之：一方面就其所留下的傳世代表作《史通》來逐一追尋，以探求三長論的合理解釋；另方面則就回答鄭惟忠本身來說。先說前者，〈覈才〉篇有云：

> 夫史才之難，其難甚矣。《晉令》云：「國史之任，委之著作，每著

〔註1〕《舊唐書・劉子玄本傳》（台北：鼎文書局，1979），頁 3172。又可參《冊府元龜》（台灣中華書局，1967）卷 559。

〔註2〕梁啟超，《中國歷史研究法附補篇》（台北：中華書局，1973，台三版），頁 13。

作郎初至，必撰名臣傳一人。」斯蓋察其所由，苟非其才，則不可
叨居史任。

這裡只談到史才，應專指史家敘述才能一長。又〈雜說下〉亦云：

夫自古學者，談稱多矣。精於《公羊》者，尤憎《左氏》，習於太史
者，偏嫉孟堅。夫能以彼所長而攻此所短，持此之是而述彼之非，
兼善者鮮矣。又觀世之學者，或耽玩一經，或專精一史。談《春秋》
者，則不知宗周既隕，而人有六雄；論《史》《漢》，則不悟劉氏云
亡，而地分三國。亦猶武陵隱士，滅迹桃源，當此晉人，猶謂暴秦
之地也。假有學窮千載，書總五車，見良直而不覺其善，逢牴牾而
不知其失，葛洪所謂藏書之箱篋，《五經》之主人。而夫子有云：雖
多亦安用為？其斯之謂也。

此則提及「學」與「識」的關係。知幾文中善以喻說理，指明史家窮於一隅
而蔽三隅，所見當有限或徒具學問如「藏書之箱篋，五經之主人」卻無識以
辨良直善惡，導致失實牴牾，則亦非良史。此處之學與識，當指史家豐富的
知識和分辨真偽的判斷力。劉知幾針對此則，又說：

子曰：「吾猶及史之闕文。」是知史文有闕，其來尚矣，自非博雅君
子，何以補其遺逸者哉？蓋珍裘以眾腋成溫，廣廈以群材合構。自
古探穴藏山之士，懷鉛握槧之客，何嘗不徵求異說，採摭群言，然
後能成一家，傳諸不朽。觀夫丘明受經立傳，廣包諸國，藝當時有
《周志》、《晉乘》、《鄭書》、《楚杌》等篇，遂乃聚而編之，混成一
錄。向使專憑魯策，獨詢孔氏，何以能殫見洽聞，若斯之博也？……
自太初已後，又雜引劉氏《新序》、《說苑》、《七略》之辭。此並當
代雅言，事無邪僻，故能取信一時，擅名千載。〔註3〕

謂史家收集收集史料宜廣，「徵求異說，採摭群言」必賴其「學」博。而所徵
採者，又必皆「當代雅言，事無邪僻」，方能「取信一時，擅名千載」。因此，
取材不能只為標新立異，街談巷議，道聽塗說，難免乖濫損實，雖或可採，
但必須嚴格甄別。此時即需要「識」。《史通・雜述》將雜史分為十類之後，
也強調史家的鑒別能力：

然則菎蕘之言，明王必擇；葑菲之體，詩人不棄。故學者有博聞舊
事，多識其物，若不窺別錄，不討異書，專治周、孔之章句，直守

〔註3〕《史通釋評・採撰》，頁137。

遷、固之紀傳，亦何能自致於此乎？且夫子有云：「多聞，擇其善而
從之」「知之次也」苟如是，則書有非聖，言多不經，學者博聞，蓋
在擇之而已。〔註4〕

「博聞舊事，多識其物」「窺別錄，討異書」都是「學」的功夫；「善擇」指
鑒別史料真偽的能力，則是「識」的功夫，劉氏上論重點在於「多聞」之後
須加「善擇」，即「學」之後須賴「識」始可。以上所約舉的，可以看出知幾
在《史通》中揭示才學識的說法，大抵可以看出「有才無識」「有學無識」都
不足成為良史以蹈實錄之義。故知史家三長論中，以備識最難，但又以得識
最要。

　　至於為何士反多不能撰史呢？知幾答鄭惟忠的話只就三長立說，並未直
接就文士為何不適合修史來作答，因此這點仍有加以補充說明的必要。知幾
在《史通・覈才》曾說：

歷觀古之作者，若蔡邕、劉峻、徐陵、劉炫之徒，各自謂長於著書，
達於史體，然觀侏儒一節，而他事可知。案伯喈於朔方上書，謂宜
廣班氏〈天文志〉。夫〈天文〉之於《漢史》，實附贅之尤甚者也。
必欲中以掎摭，但當鋤而去之，安可仍其過失，而益其蕪累？亦奚
異觀河傾之患，而不過以隄防，方欲疏而導之，用速懷襄之害。述
史如此，將非練達者歟？孝標持論談理，誠為絕倫。而〈自敘〉一
篇，過為煩碎；〈山栖〉一志，直論文章。諒難以偶迹遷、固，比肩
陳、范者也。孝穆在齊，有志梁史，及還江左，書竟不成。嗟呼！
以徐公文體，而施諸史傳，亦猶灞上兒戲，異乎真將軍，幸而量力
不為，可謂自卜者審矣。光伯以洪儒碩學，而迍邅不遇。觀其銳情
自敘，欲以垂示將來，而言皆淺俗，理無要害。豈所謂「誦《詩》
三百，雖多，亦奚以為」者乎！

他舉出蔡邕、劉峻、徐陵、劉炫等文章名家，不知剪裁蕪累，鋤去附贅，結
果使其史述「言皆淺俗，理無要害」不足垂示將來。這裡已指出文士的敘述
能力如前舉諸家之善者，若不能達於史體，知所剪裁，則仍不能勝任史職。
然知所剪裁，實即史識的運用。知幾更進一步加以闡明：

但自世重文藻，詞宗麗淫，於是沮誦失路，靈均當軸。每西省虛職，
東觀佇才，凡所拜授，必推文士。遂使握管懷鉛，多無銓綜之識；

連章累牘，罕逢微婉之言。而舉俗共以為能，當時莫之敢侮。假令
其間有術同彪、嶠，才若班、荀，懷獨見之明，負不刊之業，而皆
取窘於流俗，見嗤於朋黨。遂乃哺糟歠醨，俯同妄作，披褐懷玉，
無由自陳。此管仲所謂「用君子而以小人參之，害霸之道」者也。
〔註5〕

原來在撰述技巧方面文士盡管多能，但在識見方面卻無「銓綜之識」，因而無
法掌握修史要領，變成「連章累牘，罕逢微婉之言」。所以可知撰述要練達得
宜，切合史實，仍須賴銓綜之識，惟文士鮮能臻此，故知幾嘆文士多而史才
少。

　　經過以上的補輯工作，或可對知幾的三長說有稍詳的認識了。再就後項
劉知幾回答鄭惟忠的內容本身來言，知幾在舉出「三長謂才也、學也、識也」
之後，又舉出「有學無才」以比喻的方式說明強調「才」，再以同樣手法論「有
才無學」以強調「學」，之後則接下「猶須好是正直，善惡必書……自敻古以
來，能應斯目者，罕見其人」以強調史「識」。雖或有人對後一句持不同的看
法，但按照知幾開端所言「三長謂才也、學也、識也」的邏輯順序，「猶須……」
的這句話，正當就「識」而言，而最後結尾時所說的「自敻古以來，能應斯
目者，罕見其人」正好緊扣鄭惟忠提出「自古以來，文士多而史才少，何也？」
的問題〔註6〕

　　根據前述，「猶須好是正直，善惡必書，使驕主賊臣所以知懼」應該是劉
知幾對「史識」的正面敘述。結合前項補輯《史通》中有關三長說的論述，
可以知道劉知幾除有善惡必書的直書態度之外，當要達到「使驕主賊臣所以
知懼」，兩者俱體現了他一再揭示的「懲惡勸善」垂訓鑒戒的思想〔註7〕。要
而言之，從前後兩方面的引述，可以窺知劉知幾的三長論中，以史識論最要，
其史識論又含有兩方面涵意：（一）在於對史實的分析和評價，即鑒識歷史的
觀點；（二）是反映歷史事實的原則和立場，即撰史的態度應秉持直筆論。兩
者的結合，即能於直錄撰史之餘，達到「彰善癉惡」的目的，此目的對「國
家之要道，生人之急務」有相當的益處。

〔註5〕《史通釋評・覈才》，頁290～291。
〔註6〕姜勝利，〈劉、章「史識」論及其相互關係〉，《史學史研究》1983：3，頁56。
〔註7〕詳可參鈴木啓造，〈《史通》の勸善懲惡論〉，《歷史におけ民眾と文化——
　　　酒井忠夫先生古稀祝賀記念論集一》（東京：國書刊行會，1962），頁237～251。

知幾寓史德於史識之中，尚見於《史通‧辨職》篇中：

> 史之爲務，厥途有三焉，何則？彰善貶惡，不避強禦，若晉之董狐，齊之南史，此其上也。編次勒成，鬱爲不朽，若魯之丘明，漢之子長，此其次也。高才博學，名重一時，若周之史佚，楚之倚相，此其下也。

知幾分古代著名史家爲三等，其所依據正是三長說，而最上等的，則必須具備「彰善貶惡，不避強禦」的道德品質，才能落筆眞實。但他始終未另立「史德」一說。之後，一直歷經千餘年，始由章學誠另加史德一項，正式以專文單篇的形態發論，而鄭樵則無類此「三長說」。

章學誠之前，大約有元代揭傒斯（1274～1344）倡修史應起用有學問文章知史事且心術良正之人〔註8〕，是史德說的濫觴，以及明代胡應麟（1551～1602）以爲「三長說」仍有所不足，宜加上「公心」和「直筆」：

> 劉知幾以馬、班爲善善，南、董爲惡惡，細矣。才學識三長足盡史乎？未也，有公心焉，直筆焉。〔註9〕

再則即是章學誠的《文史通義‧史德》篇所說的：

> 才、學、識三者，得一不易，而兼三尤難，千古多文人而少良史，職是故也。昔者劉氏子玄，蓋以是說謂足盡其理矣。雖然，史所貴者義也，而所具者事也，所憑者文也。孟子曰：「其事則齊桓、晉文，其文則史，義則夫子自謂竊取之矣。」非識無以斷其義，非才無以善其文，非學無以練其事，三者固各有所近也，其中因有似之而非者。記誦以爲學也，辭采以爲才也，擊斷以爲識也，非良史之才、學、識也。雖劉氏之所謂才、學、識，猶未足以盡其理也。夫劉氏以謂有學無識，如愚估操金，不能貿化。推此說以證劉氏之指，不過欲於記誦之間，知所抉擇，以成文理耳。故曰：古文史取成家，退處士而進奸雄，排死節而飾主闕，亦曰一家之道然也。此猶文士之識，非史識也。能具史識者，必知史德。德者何？謂著書者之心術也。夫穢史者所以自穢，謗書者所以自謗，素行爲人所羞，文辭何足取重。魏收之矯誣，沈約之陰惡，讀其書者，先不信其人，其

〔註8〕《元史‧揭傒斯傳》（台北：鼎文書局，1980）卷181，頁4186。

〔註9〕 胡應麟，《少室山房筆叢》（台北：台灣商務印書館，景印文淵閣四庫全書第886冊，1983重刊），卷5，〈史書佔畢一〉，頁220上。

患未至於甚也。所患夫心術者，謂其有君子之心，而所養未底於粹
也。夫有君子之心，而所養未粹，大賢以下，所不能免也。此而猶
患於心術，自非夫子之《春秋》不足當也。以此責人，不亦難乎？
是亦不然也。蓋欲爲良史者，當慎辨於天人之際，盡其天而不益以
人也。盡其天而不益以人，雖未能至，苟允知之，亦足以稱著述者
之心術矣。而文史之儒，競言才、學、識，而不知辨心術以議史德，
烏乎可哉？〔註10〕

在這一大段文字中，可分爲下列幾項加以說明：（一）知幾的三長論，學誠認
同之，並以爲要具備其中的二長或一長，已十分不容易，而「兼三尤難」。這
是實情，知幾不肯以三長輕許前人，學誠亦吝於以此褒人，可知古來良史甚
少。（二）史家之識與文士之識不同，文士之識僅需「於記誦之間知所抉擇」，
學誠此見固然正確，但卻是由誤會知幾史識而來。姜勝利已指出學誠在前引
〈史德〉篇裡把「愚賈操金，不解貿化」當作是劉氏對「有學無識」的比喻，
其實核對一下知幾回答鄭惟忠的原文，即可發現該句是知幾對「有學無才」
的比喻，學誠誤將「才」當作「識」，因而錯誤地推斷出知幾所謂的「識」是
「欲於記誦之間知所抉擇，以成文理」，其實這並非知幾所指史識的涵意。學
誠爲了說明其史識論與知幾有所區別，而大加強調史識當以史德爲重要內
容，這點卻正與劉論宗旨無二。所以姜文指出章氏意在糾正和補充劉氏史識
論，實際上正是對劉氏史識論的繼承和發展。姜文指出劉、章兩人史識論的
相互關係，是其文的一大優點，可謂見解精闢〔註11〕；學誠解釋才、學、識
的意義，與劉知幾並不完全相同，但卻關係極深。他以爲才、學、識三長的
真義，並非辭采、記誦、繫斷之謂，而是發揮史學三大要素「事」「文」「義」
的修養工夫。學誠因而得以深化三長論。不過他把三長論中的才學識與孔子
的作史之道「事」「文」「義」一一對應之並展衍其說，曰：「義理存乎識，辭
章存乎才，徵實存乎學」〔註12〕；又：「夫事即後世考據學之所尚也，文即詞
章家之所重也。然夫子所取，不在此而在彼，則史家著述之道，豈可不求義
意所歸乎？」〔註13〕由此可以得知其三長論大致可以寫成「才／文／詞章」、

〔註10〕葉瑛校注，《文史通義校注》（北京：中華書局，1983），頁219～220。
〔註11〕姜勝利，〈劉、章「史識」論及其相互關係〉頁59。
〔註12〕《文史通義·說林》（台北：華世出版社，1980），頁122。
〔註13〕《文史通義·申鄭》，頁137。

「學／事／考據」、「識／義／義理」這樣一個簡明的系統，畢竟才學識是對史家素質的要求，而事文義一體化則是對史學作品的具體要求，兩者關係極深。張其昀則製作一表，如下：

孔 子	劉知幾	章學誠	張其昀	西 洋 史 家
事	學	考據	史之考證	Analytical Operations
義	識	義理	史之義例	Synthetical Operations
文	才	詞章	史之述作	Expositions

更能簡要地掌握三長說〔註14〕，由此系統又可知道：（1）乃沿襲劉氏三長論而來，但更完整且宏大；（2）三者之中，以義最為重要，所謂「譬之人身，事者其骨，文者其膚，義者其精神也，斷之以義而書始成」〔註15〕，「學之貴於考徵者，將以明其義理爾」〔註16〕皆是也。但三者必須相輔相成，廢一不可，但往往三長難兼，常相為病〔註17〕；（3）由前面章氏所擴充的三長系統中的對應關係來言，章學誠並未將史德另立一說以成「四長論」。除〈史德〉篇外，〈雜說〉〈說林〉〈申鄭〉等篇中，每提到史家條件外，也只將才學識並稱，不曾言及史德，特別是後於〈史德〉篇撰著甚久的〈文德〉篇，仍然只稱三長，可以知道學誠本無意多加一長，但不言〈史德〉，並非不重視之，而是他以為已包括在「史識」之中了。因而可知梁任公、吳天任、許凌雲諸學者所指稱學誠有四長說，似乎未必正確，倒是姜勝利的觀點是本文所贊同的〔註18〕。

〔註14〕張其昀，〈劉知幾與章實齋之史學〉，收於《中國史學史論文選集》（台北：華世出版社，1979）第二冊，頁777。唯其中 Analytical Oprations 是西方哲學中分析哲學的一環，基本上是認識論和知識論的領域，當與考據無關。此點承李紀祥先生賜示補充，謹此致謝。

〔註15〕《文史通義・方志立三書議》，頁391。

〔註16〕《文史通義・說林》，頁122。

〔註17〕《文史通義・說林》有云：「主義理者拙於辭章，能文辭者疏於徵實，三者交譏而未有已也。」見頁122。

〔註18〕梁啟超，《中國歷史研究法》補篇，第二章〈史家的四長〉云：「劉子元說史家應有三長，即史才、史學、史識。章實齋添上一個史德，並為四長。實齋此種補充，甚是。要想做一個史家，必須具備此四種資格」，他並拔擢史德置於學識才之首，可見重視。見頁13。吳天任，《章實齋的史學》（台北：台灣商務印書館，1979），頁22。許凌雲，《讀史入門》（北京出版社，1989修訂本），頁319。至於姜勝利的觀點則參前引文，頁57～58。王明妮在其碩士論文〈史通修史觀述評〉（台北：輔大中文所，1982，未刊）第二章〈論史通修史的基本修養——史德〉，直接標出劉知幾的史德說以含蓋史識，似乎忽略

其實胡應麟的「公心」「直筆」加起來，即是章學誠所謂之「史德」。章氏論史德時，謂爲「著書之心術」，又說「欲爲良史者，當愼辨於天人之際，盡其天而不益以人也」。這是與劉氏同論史識寓有史德說，但論法不同之處。錢穆曾對「盡其天而不益以人」提出說明：

> 拿現在話講：只是要客觀地把事實眞相寫出，這即是「天」了，但不要把自己人的方面加進去，這事極不容易。〔註19〕

了解此話之前，實應先了解「愼辨於天人之際」。由前述知章學誠亦以爲史德寓於史識之中，而「識」是用以「斷義」的，亦即「非識無以斷其義」。他又說：「史之義出於天」以今語釋之即「史義」存在於客觀史事之中。這是史識史德所要達到的目標。但如何將客觀史事眞實地反映在人之主觀當中呢？此則需要處理「天」與「人」之間的關係，故「盡其天而不益以人」即是處理好這種關係的重要原則。只是此事不容易。須具有三長論者始能達之。此即所謂的辨心術的史德觀。簡單言之，其邏輯關係即史識用以斷義，史識包含（含「等於」之意）史德，故「辨心術」即是「斷義」不可缺少的一項基本前提和態度。在論證之間，正是學誠深化或展衍知幾的史德說。兩者相較之下，知幾的史德說似單純許多，他未提及天人之際。至於著書者之心術如何影響其所撰述之史？〈史德〉篇又說：

> 史之義出於天，而史之文不能不藉人力以成之，人有陰陽之患，而史文即忤於大道之公，其所感召者微也。

> 史之賴於文也，猶衣之需乎采，食之需乎味也。采之不能無華樸，味之不能無濃淡，勢也。華樸爭而不能無邪色，濃淡爭而不能無奇味。邪色害目，奇味爽口，起於華樸濃淡之爭也。文辭有工拙，而族史方且以是爲競焉，是舍本而逐末矣。以此爲文，未有見其至者；以此爲史，豈可與聞古人之大體乎？〔註20〕

撰史的義例是客觀存在的，而撰述的過程中必然要通過主觀的抉擇，此時「著書者的心術」即是關鍵，能否符合「大道之公」既是問題，也是目標。學誠

歷史時間與人物兩種因素的考慮，可參拙文，〈近三年來有關劉知幾的研究成果評介〉，《史學評論》第 12 期（台北，1986.5），頁 220～221。而彭雅玲，〈史通的歷史敘述理論〉（台北：政治大學中文所碩士論文，1990），頁 187，亦持姜文觀點。後彭文由台北文史哲出版社 1993 年刊印成書。

〔註19〕錢穆，《中國史學名著》2（台北：三民書局，1973），頁 329。

〔註20〕葉瑛校注，《文史通義校注》，頁 221。

也認識到史家在認識或撰寫歷史時不可能不會遇到一些主客觀的矛盾，按照他的話即「天與人參」的現象，那就要設法解決天人一致的問題，為此，他反對「違理以自用」「汨清以自恣」等主觀偏激行為，而強調態度平正，「氣合於理」「情本於性」〔註21〕，從而力求「盡其天而不益於人」，就可達到天人一致的公正大道了。

　　當然撰史必憑藉以文，若只在華樸濃淡之上爭論不已，實只捨本逐末的作為，以此修史，必不能得古人大體。然則要如何才是呢？學誠又說：

> 程子嘗謂有〈關雎〉、〈麟趾〉之意，而後可以行〈周官〉之法度。
> 吾則以謂通六義比興之旨，而後可以講春王正月之書，蓋言心術貴
> 於養也。〔註22〕

其意蓋在以《詩經》思無邪之意通六義比興，最能得性情之正，從此一方向培養心術，才能講春王正月（《春秋》）之史書。從〈史德〉篇這裡，再接〈答客問〉篇：

> 然則《春秋》經世之意，必有文字所不可得而詳，繩墨之所不可得
> 而準。〔註23〕

> 《春秋》之義，昭乎筆削。……以夫子義則竊取之旨觀之，固將綱
> 紀天人，推明大道。所以通古今之變，而成一家之言者，必有詳人
> 之所略，異人之所同，重人之所輕，而忽人之所謹。繩墨之所不可
> 得而拘，類例之所不可得而泥。而後微茫杪忽之際，有以獨斷於一
> 心。及其書之成也，自然可以參天地而質鬼神，契前修而俟後聖。
> 〔註24〕

則學誠所謂的「史義」盡明，他的三長說筆者以為已推展至最高峰而古今史家已罕有其匹了。

　　而後梁任公認為學誠的史德說，只講到史家的心術，還不夠圓滿，因而又補充了「忠實」一項，說：

> 章實齋所謂史德，乃是對於過去毫不偏私，善惡褒貶，務求公
> 正。……但尚不足以盡史德的含義，我以為史家第一件道德，莫過

〔註21〕 葉瑛校注，《文史通義校注》，頁220。
〔註22〕 葉瑛校注，《文史通義校注》，頁221。
〔註23〕 葉瑛校注，《文史通義校注》，頁477。
〔註24〕 葉瑛校注，《文史通義校注》，頁470。

於忠實。如何才算忠實，即「對於所敘述的史蹟，約採客觀的態度，不絲毫參以自己意見」便是。……總而言之，史家道德應如鑑空衡平，是什麼照出來就是什麼，有多重稱出來就有多重，把自己主觀意思劇除淨盡。把自己性格養成像鏡子和天平。〔註25〕

任公此說，名詞雖新，涵義仍舊，大抵不出劉知幾〈惑經〉以明鏡照物比喻史家執簡敘述客觀的態度，筆者以為仍未邁出學誠宏論的範疇之外而居於其上，實際仍在其內。

近又有許倬雲〈說史德〉，提出「勇敢」「冷靜」「誠實」三者即學誠的「慎心術」說〔註26〕，實際亦是現代白話新解，仍非踰越其史德說之新作。

綜上所謂，知幾議史家應備條件的三長說，係其個人經由實際讀史研史修史的體驗之後，對前人經驗的總結而提出的理論，胡氏、章氏、梁氏等後人對三長說不斷補充說明，適可強調三長與實際修史的關係，其中以章氏尤多發明，將三長說之中的史識史德關係，闡論無遺，而窮於天人之際，蓋為三長說之極致。

至於鄭樵因無相關言論，故未具論。然以三長說論之，章學誠有謂：「鄭樵有史識而未有史學」〔註27〕，可見三長論中鄭樵具備最重要的史識一長，自堪稱良史也。而鄭樵亦以良史稱劉知幾、司馬遷〔註28〕，學誠亦云「劉知幾得史法而不得史意，此予《文史通義》之所為作也」〔註29〕，由此可見劉知幾、鄭樵、章學誠皆是三長論中人也。

（三）理論之四：史文說

史文論即歷史撰述時有關外在文體的表達形式理論。針對此者，筆者曾撰〈劉知幾的時間觀念及其歷史撰述論〉，刊於《大陸雜誌》75：1（1987.7）；後彭雅玲碩士論文《史通的歷史敘述理論》（1990.6）第四章第二節亦專論其史文論。彭文以其中文系所背景以「文質論」「修辭論」分析劉氏之史文論，落筆踏實，頗有可觀，值得參讀。以上兩文取徑與著重點雖不盡相同，但都

〔註25〕梁啓超，《中國歷史研究法》，頁14～16。
〔註26〕許倬雲，〈說史德〉，《求古編》（台北：聯經出版事業公司，1982），頁587～590。
〔註27〕《文史通義·和州志志隅自序》，頁398。
〔註28〕鄭樵，《通志略·氏族序》（台北：里仁書局，1981），頁1。
〔註29〕《文史通義·和州志志隅自序》，頁398。

致力於發揚抒論劉氏有關之史文說則一。茲處似可不必再贅述。故本節改置重點於鄭樵、章學誠兩氏之史文論，唯需比較時再舉出劉知幾相關的主張。

章學誠與劉鄭兩氏都重歷史文筆，他曾說：「史所載者事也，事必藉文而傳，故良史莫不工文。」〔註30〕這裡的「文」即指作史之文，並非詞章之文。又說：「蓋論史而至文辭，末也。然就文論文，則一切文士見解，不可與論史文。譬之品泉鑑石，非不精妙，然不可與測海嶽也。」〔註31〕學誠以為文士之文即詞章之文，著重情感、創造、幻想，所以學誠更進一步推衍出「文士撰文，惟恐不自出；史家之文，惟恐出之於己，其大本先不同矣。史體述而不造，史文而出於己，是為言之無徵，無徵且不信於後也」的說法〔註32〕。秉上節「三長說」所談及的「文」「事」「義」來言修撰歷史，不僅要直書史事，義理昭然，亦要求工於文筆，反映史實。故古來《左》《國》《史》《漢》都符合「良史莫不工文」而為一代文宗。但浸至中古以下，才藝之士，多舞文弄墨「溺於文以為觀美之具焉」，不顧史事之正確與否，故學誠認為：

> 以此為文，未有見其至者；以此為史，豈可與聞古人大體乎！〔註33〕
> 夫立言之要，在於有物。古人著為文章，皆本於中之所見，初非好為炳炳烺烺，為錦工琇女矜采色已也。〔註34〕

可見他以為文士之文大多溺於文辭，違背史實，故不宜為史。鄭樵也有類似的看法，他在〈上宰相書〉中說：「修書自是一家，作文自是一家。修書之人必能文，能文之人，未必能修書。若之何後世皆以文人修書？」又說：「史者，官籍也。書者，儒生之所作也。自司馬以來，凡作史者，皆是書，不是史。」〔註35〕

鄭樵認為修史者應該兼備文才與史才。然而文士若無史才，則以不豫修史為妥。此則，鄭樵頗有自薦的意思，他曾自許地說：「若樵直史苑，則地下無冤人」。劉知幾對於此則，亦曾說過：

> 自五經已降，三史而往，以文敘事，可得言焉。而今之所作，有異於是。其立言也，或虛加練飾，輕事雕彩，或體兼賦頌，詞類俳優。

〔註30〕《文史通義・史德》，頁148。
〔註31〕《文史通義・與陳觀民工部論史學》，頁514～5。
〔註32〕《文史通義・與陳觀民工部論史學》，頁514～5。
〔註33〕《文史通義・史德》，頁149。
〔註34〕《文史通義・文理》，頁63。
〔註35〕兩引皆見《夾漈遺稿・寄方禮部書》，頁519。

> 文非文，史非史，譬夫烏孫造室，雜以漢儀，而刻鵠不成，反類於
> 鶩者也。〔註36〕

又

> 大唐新修《晉書》，作者皆當代詞人，遠棄史、班，近宗徐、庾。
> 夫以飾彼輕薄之句，而編為史籍之文，無異加粉黛於壯夫，服綺紈
> 於高士者矣。〔註37〕

知幾對「私徇筆端，苟衒文彩，嘉辭美句，寄諸簡冊」以為「豈知史書之大
體，載削之指歸？」〔註38〕；對「元瑜孔璋之才，而處丘明子長之任」也認
為「文之與史，何相亂之甚乎」〔註39〕。知幾在〈載文〉〈覈才〉〈雜說〉〈論
贊〉等篇，一直主張史學應脫離文學獨立，反對選用文士修史。在知幾生世
當時，可謂先進的見解。

學誠也有相同的說法：「史筆與文士異趨，文士務去陳言；而史筆點竄塗
改，全貴陶鑄群言，不可私矜一家機巧也。」〔註40〕〈答客問〉又說：「文人
之文與著述之文，不可同日語也。著述必有立於文辭之先者，假文辭以達之
而已……故以文人之見解而議著述之文辭，如以錦工玉工議廟堂之禮典也。」
可見史筆貴乎「陶鑄成文」，此點非一般文士可以企及，故〈言公上〉說：「詞
采以為才，非良史之才」，也是此意。至〈書姑蘇志後〉更明言：「文人不可
修志」，亦即文人不應修史。學誠此論，與知幾曾說：

> 但自世重文藻，詞宗麗淫，於是沮誦失路，靈均當軸。每西省虛職，
> 東觀佇才，凡所拜授，必推文士。遂使握管懷鉛，多無銓綜之識；
> 連章累牘，罕逢微婉之言，而舉俗共以為能，當時莫之敢侮。〔註41〕

實有承襲與相通之處。從前面「史所載者事也，事必藉文而傳」與知幾之
「史之為務，必藉於文」如出一轍外，馴致後來知幾深論文士不應修史之
理在於文士無銓綜之識，學誠則言史筆貴乎陶鑄成文，文士難能。兩者實
際無甚差別，因為欲「陶鑄成文」，設無「銓綜之識」，焉可得之！吾人由
古之馬班史文，以漢朝前史而論，雖都有所本，但各能陶鑄銓綜，故仍有

〔註36〕《史通釋評‧敘事》，頁211。
〔註37〕《史通釋評‧論贊》，頁100。
〔註38〕《史通釋評‧論贊》，頁99～100。
〔註39〕《史通釋評‧雜說下》，頁637。
〔註40〕《文史通義‧跋湖北通志檢存稿》，頁519。
〔註41〕《史通釋評‧覈才》，頁290～291。

各人面目〔註42〕，皆能輝映亙古而不可相替，即知斯理。

雖然作史之業，不能責之文學之士，劉鄭章三氏都持相同看法，但因三氏時代相差甚久，知幾力主史學應與文學劃清界限，則是鄭樵與實齋所未詳論。知幾此說乃由其歷史時間的分段法，將中國史學分成「上古」（劉氏指先秦時期）、「中古」（兩漢時期）、「近古」（魏晉時期）、「近世」（指南北朝至隋唐初期）及「當代」（指初唐與盛唐）五個時期，此是知幾係運用其銳利眼光著識而得，他透過各個時期的文風演變，因性質互異，而歸納出「近古」以後的史作「訛謬雷同，妄飾蕪累」，文風仰尚柔靡浮豔、華美綺麗，故力主文史分途，文士不宜修史。知幾在〈載文〉〈覈才〉〈論贊〉〈雜說下〉都一再申述此說，是《史通》有關史文論重要的篇章〔註43〕。鄭樵、章學誠因劉氏已提出，當然不必再費筆墨。所以何炳松在〈讀章學誠《文史通義》札記〉說：「章氏力主史學應離文學而獨立，廓清數千年來文史合一之弊」〔註44〕，所言就筆者初步了解似應在劉知幾時已然。章說僅承劉說，談不上廓清數千年之弊。倒是章學誠提出文人不應修史的理由，除前舉文士必尚詞采，妨害史義之外，一般文人大都不注重「令史案牘」，也是重要原因之一〔註45〕。在〈州縣請立志科議〉中他曾說：

> 令史案牘，文學之儒，不屑道也；而經綸政教，未有舍是而別求者
> 也。後世專以史事責之文學，而官司掌故，不為史氏備其掌故焉。
> 斯則三代以後離質言文，史事所以難言也。

史學不能獨立，則無進步可言，故文人不應修史。這是學誠從事修志三十年的獨造心得，值得提出一述。不過，從歷史角度觀察，與劉氏倡文士不宜修史，文史宜加分途一樣，其修志所得提出文士忽略令史案牘，都各有其背景，因而兩氏雖同主文士應擯除在修史之外，但其倡議，不盡相同；套章氏常用之語，是亦其理勢變通使然也。

如上所述，則可更進一步探求三氏對歷史文筆的要求是什麼？章學誠說：

> 夫史為記事之書，事萬變而不齊，史文屈曲而適如其事，則必因事

〔註42〕 吳天任，《章實齋的史學》，頁 183。
〔註43〕 拙著，《劉知幾史通之研究》（台北：文史哲出版社，1987），頁 86～91。
〔註44〕 何炳松，《何炳松論文集》（北京：商務印書館，1990），頁 32。
〔註45〕 甲凱，《史學通論》（台北：台灣學生書局，1985），頁 483。

命篇，不為常例所拘，而後能起訖自如，無一言之或遺而或溢也。
〔註46〕

史書是記史事的，史事變化無窮，歷史文筆就要按照史事之變化而變化，適當地反映其事。以史事為準，不被人為的常例所拘，即能運用自如，做到「史文屈曲而適如其事」，恰如其分。試舉他替同時朋友所作〈庚辛亡友列傳〉，即是上說的明證。他曾述敘事之法共二十三種，說：

> 序論辭命之文，其教易盡；敘事之文，其變無窮。故今古文人，其才不盡於諸體，而盡於敘事也。蓋其為法，則有以順敘者，以逆敘者，以類敘者，以次敘者，以牽連而敘者，斷續敘者，錯綜敘者，假議論以敘者，夾議論而敘者；先敘後斷，先斷後敘，且敘且斷，以敘作斷；預提於前。補綴於後，兩事合一，一事兩分；對敘、插敘、暗敘、顛倒敘、迴環敘。離合變化，奇正相生。如孫吳用兵，如扁鵲用藥，神妙不測，幾於化工。〔註47〕

吳天任謂之雖屬教人敘事之法，其實也是學誠作史敘事極盡離合變化之妙〔註48〕，梁任公因而稱讚他的史文技術說：「論純文學，章氏不成功；論美術文，章氏亦不成功；但對於作史的技術，了解精透，運用圓熟，這又是章氏的特長了。」〔註49〕學誠的特長技術，換言之，即在善於「聯絡鎔鑄」，所以能做到「活潑飛動」。〔註50〕

學誠看到當時「作者所有言論與其撰著，頗有不安於心」，寫了一篇〈古文十弊〉，表達自己對於撰史記事行文的看法，他說：

> 敘事之文，作者之言也。為文為質，唯其所欲，期如其事而已矣。記言之文，則非作者之言也。為文為質，期於適如其人之言，非作者所能自主也。

又云：

> 言辭不必經生，記述貴於宛肖。而世有作者，於斯多不致思。是之謂「優伶演劇」。……而記傳之筆，從而效之，又文人之通弊也。

〔註46〕 《文史通義・書教下》，頁15。
〔註47〕 《章氏遺書補遺・論課蒙學文法》，頁1358下。
〔註48〕 吳天任，《章實齋的史學》，頁184。
〔註49〕 梁啟超，《中國歷史研究法補篇》，頁24。
〔註50〕 吳天任，《章實齋的史學》，頁24。

人苟不解文辭……但須據事直書，不可無故妄加雕飾。妄加雕飾，
謂之「剜肉爲瘡」。

甚具卓識，尤以有些論說的舉證頗爲精彩但又不失其實。如有一位名士敘其
母節孝，文云「乃祖衰年病廢臥床，溲便無時，家無次丁，乃母不避穢褻，
躬親薰濯」之後，又述「乃祖於是蹙然不安，乃母肅然對曰：『婦年五十，今
事八十老翁，何嫌何疑！』」學誠卻認爲其母既明大義，當不致於有該話，這
應是此此名士自生嫌疑，特添注以斡旋其事乃是「剜肉爲瘡」之弊。他因此
指出史文應當「但須據事直書，不可妄加雕飾」。

又一例爲某名士「爲人撰誌，其人蓋有朋友氣誼，誌文仍仿韓昌黎之誌
柳州也，一步一趨，惟恐其或失也」。如此一來，志之內容幾乎完全抄襲昌黎
志柳州之文而來，與其所要記載之對象事實不符。學誠因而指出：有「削足
適履」之弊，所以他主張：「文欲如其事，未聞事欲如其文者也」。

類似的例子猶多，不復舉之。要而言之，可知學誠於作史之法，言之綦
詳。關於史文一端，尤具卓識。但其最主要之貢獻則在要求史文求其適如其
人與事而已〔註51〕。易言之，即如前文所說：「史文屈曲而適如其事」恰如其
分。學誠此論，比起劉知幾主張的據實而書的實錄史學來論，意思相當，但
筆者以爲知幾之直筆論，對於「中古」以下魏晉六朝的史學遺風，有其針盲
起廢的藥石作用及嚴肅性，可爲後世史學在史文論方面的法式和基準。而學
誠所提出的史文論除明顯可以看出受知幾影響的痕跡外，似乎多出一層活潑
性及變異性。

知幾的史文論，因已有彭文與拙文已述及，故於此僅摘要略述以與章氏
言論相比照，知幾有關主張大抵以爲史文敘事應符合三要件：（一）尚簡：即
須「省字省句，文約事豐。」。其所謂「國史之美者，以敘事爲工，而敘事之
工者，以簡要爲主」即是〔註52〕，其意在「詞寡者出一言而已周，才蕪者資
數句而方浹」〔註53〕。知幾指出史文繁瑣乃在四弊；多記祥瑞、多載朝會、
多歌功頌德、多敘官爵，袪之即可趨於簡明。（二）用晦：即指敘事時語句簡
短而含義深刻，言近指遠、詞盡而義不盡，使讀者望表知裡，捫毛辨骨，見

〔註51〕何炳松，《何炳松論文集》，頁 40～41。
〔註52〕《史通釋評‧敘事》，頁 199。張振珮遺著，〈《史通》內篇札記〉，《歷史文獻
　　　研究》（北京新一輯），頁 12，有云：尚簡不能無「要」字，有此字紀評方能
　　　得旨。
〔註53〕《史通釋評‧敘事》，頁 199。

一事於句中，反三隅於字外，使史文玩味無窮。知幾所謂「夫能略大存小，舉重明輕，一言而巨細咸該，片語而洪纖靡漏，此皆用晦之道也」〔註54〕。（三）為史載文：主以事實為根據，言之有物，反對華而不實。知幾憎恨「體兼賦頌，詞類俳優」，故主辭淺而義深，戒妄飾。知幾雖述此三要件，但三者並非平行，知幾之意蓋以簡要為主，簡與晦之時義較大，故主次輕重，皎然在目〔註55〕。以上史文敘事之法，要點大致在史重實錄「當辨而不華，質而不俚，其文直，其事核」，至於文學則「綺揚琇合，雕章縟彩」，雖「等公幹之有逸，如子雲之含章，類長卿之飛藻」的文采，也只有害於歷史的真實性。

　　史文論尚須談及語言技巧問題，知幾主張必須崇實求真，有發展的觀點。如《春秋》三傳的語言不同於《尚書》；「兩漢之詞」不同於《戰國策》，因「歲時之不同」語言也會變化和發展，因而知幾主張「隨時之義」，反對用古語代替今詞，反對盲目模倣因習古人。他說：

　　　後來作者，通無遠識，記其當世口語，罕能從實而書，方復追效昔
　　　人，示其稽古。是以好丘明者，則偏摹《左傳》，愛子長者，則全學
　　　《史公》。用使周、秦言辭見於魏晉之代，楚、漢應對行乎宋、齊之
　　　日。而偽修混沌，失彼天然，今古以之不純，真偽由其相亂。〔註56〕

雖知幾反對盲目摹倣古人，但並非一概反對向古人學習、摹擬。他甚至認為摹擬有時還很重要，因而在〈摹擬〉篇他進一步分摹擬為「貌同心異」與「貌異心同」，知幾認為後則才是上選〔註57〕。學誠也不反對因襲摹擬，他說：「史書因襲相沿，無妨並見；專門之業，別具心裁，不嫌貌似也。」〔註58〕但仿古必取其精神，而不取其形貌。學誠又說：

　　　使綴今之事，而強屬以古人之體，譬之尸祝傳告，其神情必不肖也。
　　　使襲古之體，而但易以一方之事，譬之臨池摹書，其位置必不便也。
　　　古今之作者，編年紀傳，不同體而同工，語無相襲，蘄自成一家言
　　　耳。〔註59〕

〔註54〕《史通釋評・敘事》，頁204；又吳文治，〈劉知幾《史通》的史傳文學理論〉，《江漢論壇》1982：2，頁62。

〔註55〕張振佩遺著，張新民整理，〈《史通》內篇札記〉，頁12。

〔註56〕《史通釋評・言語》，頁178～179。

〔註57〕《史通釋評・摹擬》，頁262。

〔註58〕《文史通義・釋通》，頁133。

〔註59〕《章氏遺書》（北京：文物出版社，1985）卷27，〈前志傳〉，頁297上。

其說與知幾實大同之中仍有小異。

由於知幾主張「隨時」「從時」之義，即史文須載與時代有關之人事物，所寫主要隨社會事勢之變而變，如此才能把握時代之精神與當世之色彩，忠實地以時文時語，以不因習重創造的方式表達出來〔註60〕。亦因如此，他在《史通·載文》曾指出魏晉以來史書不正之風，其弊有五端：虛設、厚顏、假手、自戾、一概。此五種語言文字，都不可謂之「歷史語言」，為史家所忌。知幾之意，蓋在史家行文用語，除表示史才之高低，技藝之巧拙外，其遠意尚涉及「隨時之義」的實錄史學，合乎「文直事核」，最終則垂警訓戒，有益人世，成其不朽之三的事業。

至於學誠在史文論方面尚主張（一）引用成文，以與事實有關者為主，不尚文辭。氏說：「史志引用成文，期明事實，非尚文辭。其於事實有關，即胥吏文移，亦所採錄，況上此者乎？苟於事實無關，雖班揚述作，亦所不取，況下此者乎？」〔註61〕，其旨在說明史文特點，排斥文史合一之弊，甲凱以為即今日視之仍為至理之言〔註62〕。唯學誠在〈乙卯箚記〉〈說林〉說篇，又補充說明史重成文，卻必須標出所自，以明來歷。（二）他主張文德論，以為臨文須主敬，要歸誠而有物，言必大公，故不可門戶朋黨，聲氣相激；不可徇名忘實，直緣風氣。求端於道，期於適如其事與言而已〔註63〕。此兩點皆為劉、鄭兩氏所未遑論的，也深深符合今日學術倫理行規所要求，令人歎服之至。

（四）小 結

以上所論述「三長說」的才、學、識是古來評判史家高低的標準。劉知幾首倡之，其中以得「識」最要，但亦以備「識」最難，故三長皆具者古來不多。後來鄭樵並未續倡此說，僅稱譽史遷與知幾為二良史而已。至章學誠則加入史德一項，以伸補其說。文中考究章氏此說，並非不滿於知幾之三長

〔註60〕宮廷章，〈劉知幾史通之文學概論〉，《師大月刊》（北平，1933）第二期，第68。宗廷虎，〈劉知幾的修辭觀〉，《揚州師院學報：社科版》1988：2，頁55。

〔註61〕《文史通義·修志十議》，頁490。

〔註62〕甲凱，《史學通論》，頁475。

〔註63〕《文史通義·文德》，頁60～61。可參：王義良，〈章實齋的文德論〉，《中華文化月刊》16：5，頁44，又見同氏後出《章實齋以史統文的文論研究》（高雄：復文圖書出版社，1995），頁244～258。

論而加上該說成為四長論，章氏乃就史識應以史德為重要內容而闡說之，並建立與知幾內容不同的三長說，尤以章氏以三長結合事、文、義及義理、辭章、徵實，賦與新內涵，而使「史學三書」自唐代劉知幾以來的史家技藝（historian craft）理論體系更精深用宏。

至於「史文說」因筆者舊文曾涉及之且又有新人新得，故僅就文士何以不可修史，舉證知幾所倡道理在於文士無「銓綜之識」，而學誠則以為史筆貴乎「陶鑄成文」，非一般文士所可企及。筆者認為兩者之間實際無大差別，蓋欲陶鑄成文，若無銓綜之識，亦達不到史文該項目的。鄭樵則主張修史者應兼備文才與史才。若僅具備其中之一，則以不豫修史為妥。其所論似不如劉章深入。但文士不宜修史，尤其在文史已分途之後，則是三氏一致的認識。另外，知幾在諸多篇章力主史學應脫離文學而獨立，可謂知幾總結唐代以前史學的獨到心得。章氏則強調應注重文士不屑道之的「令史案牘」，因其中包含經綸政治。兩氏此項主張不同，蓋係理勢有所變通之故。至於史家如何操觚？知幾主直書實錄，學誠則主「史文屈曲而適如其事」，似在文筆上章氏較有可變化性，在使用語言問題上，知幾追求「隨時」「從時」之義，反對因習摹傚，但摹擬古人若「貌異心同」則可，「貌同心異」則不甚高明。學誠對此則不嫌貌似，但仍求心同，亦即仿古仍取古人精神，似與知幾有同中小異。另外學誠尚主張引用成文，以與事實有關者為主。又提倡文德說，則是劉、鄭兩氏所無，為學誠史文論獨有的特色。

凡上兩說，配合上篇拙文所探討的「通史說」「經世說」，則對三氏在傳統史學的體裁、功用、技藝、形式諸項重要理論的奧蘊，或可因而審悉，並驚於傳統史學理論在三位史家的發展之下，已頗為完備與精深，衡諸世界史學體系，亦甚具獨特性，而不遑多讓。

七、章學誠史學中的方法論[*]

摘　要

　　本文分六節從外入裏，逐層分述章學誠關於史學方法論的見解與主張，後再摻以章氏絕學——方志學觀其史法。「史料文獻」一節，學誠貢獻在「六經皆史」再擴至「凡涉著作之林皆是史學」，推宕至廣。復以史料搜求，應由州縣學校專門負責，藏書之所，應在尼山泗水之間，爲其獨特創見。「歷史編纂」述學誠分別史學兩大宗門爲其非常特識。「校讎目錄」學誠沿用鄭樵以「校讎」涵蓋「目錄」，建立新理論體系，指出校錄之學終在「辨章學術，考鏡源流」並進一步提出「互著別裁」方法，使校錄學性質丕變。「方志學」一節，則是章氏史學理論的縮版，具體而微，可補罅其史學理論之閒隙。其建樹則在倡志爲史體，並於體例有所創新與更張，終至獲得革命性之成就，成其獨步古今之學。

　　由上數節之闡述，乃能掌握章氏史學理論之整體性，兼及其實踐層面的深度。

* 　本文原刊《興大文史學報》第 25 期（台中：興大文學院，1995.3），頁 67～99。

（一）前　言

　　章學誠（生於乾隆三年，卒於嘉慶六年，1738～1801）的史學著述，大都收在今存的《章氏遺書》之內，其中《文史通義》已與唐代劉知幾《史通》相提並論，被視為中國代表性的史學理論和歷史哲學的著作，已有各國許多學者加以論述，此為學界盡人皆知之事，不言可喻。筆者不揣譾陋，亦擬對章學誠史學參與探討，除已就章學誠之生平大要與其撰成代表作的過程加以一番考察之外，另亦就其《文史通義》中所披露的史學思想，加以闡幽發微作了一番爬梳整理的工作〔註1〕，本文承繼上述的研究，擬更進一步勾勒出在其史學思想運作之下，落實於技術實踐層面的史撰理論。文中所涉及的範圍，皆有關歷史寫作原則。換言之，本文即以史料文獻學、歷史編纂學、校讎目錄學等這些屬於史學方法論範圍的內容項目，來審視章學誠關於方法論的見解與主張，最後再摻以其絕學——方志學觀其史法，使本文主旨所在更趨於完備。

（二）史料文獻學

　　史料是歷史撰述首先必須觸及的問題，章學誠在這方面的主張相當豐富且自成體系，是章氏整個史學思想體系中的重要部分。首先，他提出「六經皆史」的觀念，此說涵蓋至廣，略云：

　　六經皆史也。古人不著書，古人未嘗離事而言理，六經皆先王之政典也。或曰：《詩》、《書》、《禮》、《樂》、《春秋》，則既聞命矣。《易》以道陰陽，願聞所以為政典，而與史同科之義焉。曰：聞諸夫子之言矣。「夫《易》開物成務，冒天下之道。」「知來藏往，吉凶與民同患。」其道蓋出政教典章之所不及矣。「象天法地，是興神物，以前民用。」其教蓋出政教典章之先矣。〔註2〕

「六經皆史」的說法，言者以為宋代以降即已有之，並非章氏新創，誠然沒

〔註1〕請參拙作，〈史學三書作者的生平與其著作之關係比較〉，《國立台灣師範大學歷史學報》第二十期（1992.6）頁1～25。及〈史學三書之史學思想及其比較〉，前引學報第二十一期（1993.6），頁21～60。

〔註2〕葉瑛校注，《文史通義校注》（北京：中華書局，1983）卷一，內篇一，〈易教上〉，頁1。

錯〔註3〕。但縱覽劉知幾的《史通》，似也不難發現劉氏已經把經書當作史書甚至史料來看待，開「六經皆史」說的先河了。劉知幾認為《尚書》是記言之史，說：

> 《書》之所主，本於號令，所以宣王道之正義，發話言於臣下，故其所載，皆典、謨、訓、誥、誓、命之文。至如〈堯〉〈舜〉二典直序人事，〈禹貢〉一篇唯言地理，〈洪範〉總述災祥，〈顧命〉都陳喪禮，茲亦為例不純者也。
>
> 原夫《尚書》之所記也，若君臣相對，詞旨可稱，則一時之言，累篇咸載。〔註4〕

他認為《春秋》為記事之史，是孔子述魯史以寓褒貶，如：

> 逮仲尼之修《春秋》也，乃觀周禮之舊法，遵魯史之遺文，據行事，仍人道，就敗以明罰，因興以立功，假日月而定曆數，藉朝聘而正禮樂，微婉其說，志晦其文，為不刊之言，著將來之法。〔註5〕

他也認為《易》《詩》《禮》亦屬史籍，在《史通·自敘》曾說：

> 昔仲尼以睿聖明哲，天縱多能，睹史籍之繁文，懼覽者之不一，刪《詩》為三百篇，約史記以修《春秋》，贊《易》道以黜八索、述《職方》以除九丘，討論墳、典，斷自唐、虞，以迄於周。

即把孔子所整理的經書全部視為史籍。這種觀點在當時新人耳目，對後世也產生了深遠的影響〔註6〕。學誠後來提出「六經皆史」說，應當也受到其影響無誤，只是學誠的說法另有新義，而在清代學術史上佔有一席重要地位。此

〔註3〕 六經皆史的說法，自宋以降，劉恕、王守仁、王世貞、胡應麟、顧炎武、馬驌皆曾論之，近人錢鍾書《談藝錄》（增訂本）（台北：書林，1988）亦曾詳述，見頁261～265。另可參小島祐馬，〈李卓吾と「六經皆史」〉，《支那學》（日本，弘文堂，1946～47）第十二卷《花甲間話》，頁169～176，亦涉及章學誠之六經皆史說。唯李氏之說於章氏生時恐不易見到其書，影響可能不大。

〔註4〕 劉知幾著，浦起龍釋，《史通通釋·六家》（上海：古籍出版社，1978），頁2～3。

〔註5〕 《史通通釋·六家》，頁2～3。

〔註6〕 可參孫欽善，〈劉知幾在古文獻學上的成就〉，《文獻》1988：4，頁222～3。當然這種觀點在後世引起反彈，自不乏其人，本文要點則在劉、章兩氏之間，對經取得一種傳承的看法。孫欽善的說法，筆者十分認同。當然，傅振倫，〈章學誠在史學上的貢獻〉，原載《史學月刊》1964：9，又收在《中國史學史論文集》（上海：人民出版社，1980）頁552，恐是較早論及此點的一篇文章。

處先以錢穆對它的闡釋說明之：

> 六經只是古代在政治一切實際作為上所遺下的一些東西，並不是幾
> 部空言義理的書。我們也可以改說：六經都是「官書」。也可說：六
> 經都是當時衙門裡的檔案。或說是當時各衙門官吏的必讀書。這幾
> 句話，也就是《漢書・藝文志》所謂的「王官之學」。〈六藝略〉是
> 王官之學，也即可稱是貴族之學。這些學問，後來慢慢兒流到民間，
> 才有諸子百家。〔註7〕

錢穆認為六經皆先王政典，並具有「通經致用，施之政事」的涵義〔註8〕，故六經不同於後世所謂的史籍，而是指「官學」，即「古代政府掌管各衙門文件檔案者」。而錢門高弟余英時，則以錢氏說法為基礎逐步分析學誠的「六經皆史」說，得謂之：

1、首先要打破六經載道的見解。

2、六經中所可見者，只是三代官師未分那一階段中道的進程，三代以後的道，則不可能向六經中去尋找。

3、六經已不足以盡道，而經學家從事考證訓詁復不足以通經，則去道之遠可以想見。

4、六經既不足以盡道，遂進而有「文史不在道外」之說。

5、六經既只是古史，則最多只能透露一些道在古代發展的消息。至於「事變之出於後者，六經不能言」，三代以下之道，便只有求之於三代以後的史了。把「六經皆史」說的涵義推展至極，便會得到「貴時王制度」的結論，因為時代愈近，便愈可以見道的最新面貌，而時王的政典也必然成為後世的「六經」。

6、對學誠而言，經學考證可說是一條走不通的路。通過方志和《史籍考》的編纂，他逐漸建立「以史概經」「以今代古」的理論根據，最後凝聚在「六經皆史」這一中心命題中。故「六經皆史」是整個清代學術史上，繼顧炎武「經學即理學」以後一項最大的突破。〔註9〕

余英時融會中外當代重要史家的見解，而對「六經皆史」提出脈絡清楚

〔註7〕錢穆，《中國史學名著》（台北：三民書局，1974，再版）第二冊，頁313～4。

〔註8〕錢穆，《中國近三百年學術史》（上海：商務印書館，1948，三版）上冊，頁393。

〔註9〕余英時，《論戴震與章學誠》（台北：華世出版社，1980，台影二版），第五章。喬衍琯，《文史通義：史筆與文心》，頁55～56。

的解釋，甚爲精湛。余氏多就經史關係的變化立言闡明之，當然其論點的特性在於把「六經皆史」放在整個清代學術史中，並配合其承先啓後的觀點，頗能反映出章學誠之說的時代性質。可是就錢余兩氏的解釋，其所主張的「先王政典」或「檔案記錄」仍可納入史料說之內。只是史料一說不足以涵蓋「六經皆史」的所有意義而已。

胡適則認爲「六經皆史」是有價值的史料。胡氏知道「六經皆史」僅出現在〈易教上〉〈答客問上〉，本難據以斷言，但因爲章學誠另有一句話：

> 愚之所見，以爲盈天地間，凡涉著作之林皆是史學。《六經》特聖人取此六種之史以垂訓者耳。子、集諸家，其源皆出於史。末流忘所自出，自生分別，故於天地之間，別爲一種不可收拾、不可部次之物，不得不分四種門戶矣。〔註10〕

胡適遂認爲可以充分說明六經爲史料〔註11〕。其實此處所論的「凡涉著作之林，皆是史學」，比起上面所指的六經，範圍已經擴大至多。許冠三也認爲章學誠的「六經皆史」及「凡涉著作之林，皆是史學」之中的「史」和「史學」，均指「史料」而言，並認爲學誠之史學有特義、專義、泛義之分，而泛義之史學即指所有著作，故六經爲「先生政典」也是著作，因此以史料視之，最爲通達〔註12〕。

其實學誠的「史學」也有嚴肅的意義，從不輕易許人，雖說「著作之林」皆是「史學」，但若非別識心裁，具備「圓而神」的特質，則非其心目中理想的史學，所以他說：

> 世士以博稽言史，則史考也；以文筆言史，則史選也；以故實言史，則史纂也；以議論言史，則史評也；以體裁言史，則史例也。唐、宋至今，積學之士，不過史纂、史考、史例；能文之士，不過史選、史評，古人所爲史學，則未聞矣。〔註13〕

可見其要求嚴苛，因爲「史學所以經世，固非空言著述也」。所以素來只聞學

〔註10〕 章學誠，《文史通義·報孫淵如書》（台北：華世出版社，1980），頁342。

〔註11〕 胡適著，姚名達訂補，《章實齋先生年譜》（台北：台灣商務印書館，1973，台二版），頁137。

〔註12〕 許冠三，《劉知幾的實錄史學》（香港：中文大學出版社，1983），頁178。又可參岡崎文夫，〈章學誠の史學大要〉，《史學研究》第二卷（1931），頁333～5。

〔註13〕 《文史通義·上朱大司馬論文》，頁308。

誠許過曾鞏、知幾數人而已〔註14〕。

倉修良爲調和胡、錢兩氏意見，而有折衷性的說法。他以爲章學誠「六經皆史」具「史料」之意，但也具備「經世致用」的目的。似較前兩者更能掌握六經皆史的原來意義，但是否即合於學誠的本意，則似可進一步探討。且從六經一一著手論之。

《文史通義》卷一即有〈易教〉上中下三篇，大意是說：《易》在推天道以合於人事。人事隨時改變，故易理也當隨時廢興，因事制宜，不可拘泥而不知變通。而且應歸本於人事物用，不尚虛言，如此其史學價值始顯。顧頡剛曾就《周易》卦爻繫辭，舉史例說明其歷史價值〔註15〕；許宏恁肯定《周易》在研究殷商制度的可靠性〔註16〕。兩氏的研究成果更加強了《周易》可爲史的明證。學誠能了解到《周易》卦爻辭中所包含的歷史事實，是其過人之處。

關於《書經》，《文史通義》卷一有〈書教〉三篇，上篇有云：

> 《記》曰：「左史記言，右史記動。」其職不見於《周官》，其書不傳於後世，殆禮家之衍文歟？後儒不察，而以《尚書》分屬記言，《春秋》分屬記事，則失之甚也。夫《春秋》不能舍傳而空存其事目，則左氏所記之言，不啻千萬矣。《尚書》〈典〉〈謨〉之篇，記事而言亦具焉；〈訓〉〈誥〉之篇，記言而事亦見焉。古人事見於言，言以爲事，未嘗分事言爲二物也。劉知幾以二典貢範諸篇之錯出，轉譏《尚書》義例之不純，毋乃因後世之空言而疑古人之實事乎？〔註17〕

《尚書》所記，時代較早，史事簡單，故多是記言，看來親切生動。到春秋時，史事漸繁，記言便太冗長，因而用較爲簡明的記事體。由記言至記事，實和時代有關，唯從而亦可以肯定學誠以《尚書》爲周代以前之史，殆無疑義。學誠認爲《尚書》各篇，皆惟意所命，並無成法，故又云：

> 遷書紀表書傳，本左氏而略示區分，不甚拘拘於題目也，〈伯夷列

〔註14〕 章學誠曾云：「鄭樵有史識，而未有史學；曾鞏具史學，而不具史法；劉知幾得史法，而不得史意」，見《文史通義·和州志志隅自敘》，頁398。

〔註15〕 顧頡剛等著，《古史辨·周易卦爻辭中的故事》（第三冊），頁1～15。三田村泰助，〈章學誠の「史學」の立場〉，《東洋史研究》12：1（1952），頁2～17。

〔註16〕 收在杜正勝編，《中國上古史論文選集》（台北：華世出版社，1979）頁833～850。

〔註17〕 《文史通義·書教上》，頁8～9。

傳〉，乃七十篇之序例，非專爲伯夷傳也；〈屈賈列傳〉，所以惡絳灌之讒，其敍屈之文，非爲屈氏表忠，乃弔賈之賦也。〈倉公〉錄其醫案，〈貨殖〉兼書物產，〈龜策〉但言卜筮，亦有因事命篇意，初不沾沾爲一人具始末也。……而或譏其位置不倫，或又摘其重複失檢，不知古人著書之旨，而轉以後世拘守之成法，反訾古人之變通，亦知遷書體圓而用神，猶有《尚書》之遺者乎！〔註18〕

其推崇尚書體，在〈書教下〉則明白指出：

以《尚書》之義爲《春秋》之傳，則左氏不致以文徇例，而浮文之刊落者多矣。以《尚書》之義爲遷史之傳，則八書三十世不必分類，皆可倣左氏而統名曰傳。或考典章制作，或敍人事終始，或究一人之行，或合同類之事，或錄一時之言，或著一代之文。因事命篇，以緯本記。則較之左氏翼經，可無局於年月後先之累；較之遷史之分列，可無歧出互見之煩。文省而事益加明，例簡而義益加精，豈非文質之適宜，古今之中道歟？〔註19〕

其所推重的尚書體，由上文可知即是紀事本末體。他以爲「本末之爲體也，因事命篇，不爲常格，非深知古今大體，天下經綸，不能網羅隱括，無遺無濫，文省於紀傳，事豁於編年，決斷去取，體圓用神，斯眞《尚書》之遺也」〔註20〕。雖謂如此，但袁樞之《通鑑紀事本末》畢竟比《尚書》要詳密得多。《尚書》雖爲後世史書體例之典範，但因受到漢代方士儒生以「陰陽五行說」加以解釋，並與當時流行的讖緯相結合，致使《尚書》後來流於神秘和空疏。章氏視《尚書》爲史，即在恢復《尚書》未經曲解的原貌〔註21〕。

有關《詩》爲史之論述，章學誠多著眼於詩文中所含有的歷史事實而言，他說：

古無私門之著述，六經，皆史也。後世襲用而莫之或廢者，惟《春秋》、《詩》、《禮》三家之流別耳。……文徵諸選，風《詩》之流別也，……呂氏《文鑑》，蘇氏《文類》，始演風《詩》之諸焉。〔註22〕

〔註18〕《文史通義·書教下》，頁13。
〔註19〕此段文字，諸本不一，此據葉瑛校注本《文史通義校注》，頁52～53。
〔註20〕《文史道義校注》，頁51～52。
〔註21〕楊志遠，〈章實齋史學思想之研究〉（台中：東海大學歷史研究所碩士論文，未刊，1992），頁47。
〔註22〕《文史通義·方志立三書議》，頁389。

又：

> 《文選》《文苑》諸家，意在文藻，不徵實事也。《文鑑》始有意
> 於政治，《文類》乃有意於故事，是後人相習久，而所見長於古人
> 也。……《文鑑》《文類》，大旨在於證史，亦不能篇皆繩以一概
> 也。〔註23〕

以「詩」證「史」，對歷史研究範圍之擴大，甚有貢獻。荷馬史詩是西方史
學的重要史料；研究唐史學者，常引《全唐詩》的內容以證其說，都可說明
此理。《詩經》多爲西周初年迄於春秋中期中國北方各地的民歌，其中內容
也都表達了當時的社會狀況。茲舉一二例說明之，如〈小雅·信南山〉保存
了土地制度的史料；〈魯頌·閟宮〉記載周祖先古公亶父自豳遷歧的故事等
等均是〔註24〕。

至於《樂》爲史的論述，學誠並未寫〈樂教〉專篇加以闡述。唯他曾在
〈書教上〉云：「《樂》亡而入於《詩》《禮》」，可見《樂》與《詩》《禮》都
很有關係。他又說：「自古聖王以禮樂治天下，三代文質出於一也。世之盛也，
典章存於官守，《禮》之質也，情志和於聲詩，樂之文也。」〔註25〕

《詩》是文字的記載，《樂》則是聲音的記錄，兩相配合，可充分反映
古人之生活情感與思想，透過這些詩歌樂曲，可以明白先民的社會種種。
雖然《樂》經已佚，但學誠既講「六經皆史」，則當然不能略，故雖未列專
文申其論說，而附置於〈詩教下〉，筆者以爲反得其體，可以看出其卓越深
識的一面。

關於《禮》之爲史，章學誠論禮共有五端，是云：

> 近人致力於《三禮》，約有五端，溯源流也，明類例也，綜名數也，
> 考同異也，搜遺逸也。此皆學者應有之事，不可廢也。然以此爲極
> 則，而不求古人之大體以自廣其心，此宋人所譏爲玩物喪志，不得
> 謂宋人之苛也。〔註26〕

「溯源流」「明類例」「綜名數」「考同異」「搜遺逸」可說是正統治《禮》的
方法，但他不以這五端爲極則，而認爲這五端只能藏往不能知來，且有點「離
事而言理」，他說：

〔註23〕 《文史通義·方志立三書議》，頁392。
〔註24〕 楊伯峻等，《經書淺談》（台北：國文天地雜誌社，1989）頁40～41。
〔註25〕 《文史通義·詩教下》，頁20。
〔註26〕 《文史通義·禮教》，頁25。

《易》曰:「知以藏往,神以知來。」夫名物制度,繁文縟節,考訂精詳,記誦博洽,此藏往之學也。好學敏求,心知其意,神明變化,開發前蘊,此知來之學也。可以藏往而不可以知來,治《禮》之盡於五端也。推其所治之《禮》,而折中後世之制度,斷以今之所宜,則經濟人倫,皆從此出,其爲知來,功莫大也。學者不得具全,求其資之近而力能勉者斯可矣。〔註27〕

又說:

禮家講求於纂輯比類,大抵於六典五儀之原,多未詳析,總緣誤識以儀爲禮耳。夫制度屬官,而容儀屬曲,皆禮也。然容儀自是專門,而制度兼該萬有,捨六典而拘五儀,恐五儀之難包括也。雖六典所包甚廣,不妨闕所不知,而五儀終不可以爲經禮之全,綜典之書,自宜識體要也。〔註28〕

禮是先王典制,章學誠以爲典制的建立是歷史發展的重要特徵。探求禮制,識得「體要」,分別「制度」與「容儀」的差異和輕重,自能掌握禮教之旨,而爲後世之法則。

六經最後之《春秋》爲史,殆無可置疑。然則章學誠一向推崇《春秋》爲史之大原,何獨未撰〈春秋教〉?實令人不解。當然也引來諸多史家的嘗試解釋,首先內藤湖南認爲〈春秋教〉已在〈書教〉中論及,故無需另撰《春秋教》了〔註29〕。內藤的根據是章學誠曾經說過:

《書》與《春秋》,本一家之學也。《竹書》雖不可盡信,編年蓋古有之矣。《書》篇乃史文之別具,古人簡質,未嘗合撰紀傳耳。左氏以傳翼經,則合爲一矣。其中辭命,即訓誥之遺也;所徵典實,即〈貢範〉之類也。故《周書》迄平王,而《春秋》託始於平王,明乎其相繼也。左氏合而馬班因之,遂爲史家一定之科律。〔註30〕

學誠以爲《尚書》與《春秋》有相秉承的關係,因爲《尚書》訖於平王,而《春秋》始於平王,且「《書》亡而入於《春秋》」,故知之。

〔註27〕 《文史通義·禮教》,頁25~26。
〔註28〕 《文史通義·禮教》,頁26。
〔註29〕 內藤湖南,〈章學誠の史學〉,《支那史學史》(東京:弘文堂書房,1954),頁624。
〔註30〕 葉瑛校注,《文史通義校注·方志立三書議》,頁572。

之後，高田淳仍持內藤氏的說法〔註31〕。錢穆則以為學誠認定孔子「有法無位，不能制作」，不能肯定孔子和《春秋》的關係，故有理論上的困難，所以未能下筆〔註32〕。余英時則未同意內藤與高田兩氏的說法，認為是學誠受到「權威主義」的影響所致〔註33〕。此外，王克明以為《春秋》多重夷夏之防，對於文網甚密的乾隆朝，學誠恐多言致禍，故不能不有所顧忌〔註34〕。其實，學誠個性保守且頗有儒家傳統的忠君思想，即便寫了〈春秋教〉，也不致於以夷夏之防來觸犯滿清忌諱。周啓榮則認為學誠未撰之因不是理論和權威的關係，更不是夷夏之防的緣攻，他認為《春秋》乃孔子吸收《六藝》而大成，已經包含有諸經的特色，〈春秋教〉自然不必再重複諸經所談，也就沒有寫的必要了。〔註35〕

由上可知「六經皆史」意涵甚廣，但其中要義之一，即是可以當做「史料」來看，要明瞭學誠的史料學系統，一定要先了解章氏此語。至於此語的其他涵義，容另文述之。

章學誠另外還說「盈天地間，凡涉著作之林，皆是史學」，以後即詳其具體主張於〈論修史籍考要略〉〈史考釋例〉和〈史籍考總目〉諸文之中〔註36〕，凡十五端，關於史料文獻的即有十項，茲分別簡述如下：

〔註31〕高田淳，〈章學誠の史學思想について〉，《東洋學報》第四七卷，頁66～67。

〔註32〕錢穆，〈孔子與春秋〉，《兩漢經學今古文平議》（台北：東大圖書公司，1989），頁270。

〔註33〕余英時，《論戴震與章學誠》，頁77～78，注十五條所云。

〔註34〕王克明，〈章學誠先生的學術思想概述〉，《致理學報》第二期（台北縣，1983），頁55。

〔註35〕周啓榮，〈史學經世：試論章學誠《文史通義》獨缺〈春秋教〉的問題〉，《國立台灣師範大學歷史學報》第18期（台北，1990.6），頁175～178。周文以為《春秋》吸收了《易》的「以天道切人事」的原則與用辭謹嚴的「義例」，且筆削中又不廢災異，透過對天象的記錄而得推明大道；也吸收了《書》的訓詁文體及地理、五行（在〈禹貢〉〈洪範〉）的法則；於《詩》，它保存了「言情達志，敷陳諷諭，抑揚涵泳」的抒發情志作用；於《禮》，它維護了尊卑、陰陽、貴賤、時位的等級觀念，故云《春秋》包含了諸經的特色。蔣義斌，〈章學誠「六經皆史」的意旨〉，《華岡文科學報》第16期，則可惜未提出專見。

〔註36〕原應見於《史籍考》，惟因該書未成，後又失佚不傳，故只能就〈論修史籍考要略〉〈史考釋例〉等諸短文以理解章學誠史料學的主張。可詳《校讎通義》外篇，頁640～664。但又有傳說《史籍考》稿流落在美國國會圖書館，已是一部成書。也有傳說不在美國，原稿已為火毀，可參劉節，《中國史學史稿》（河南：中州書畫社，1982），頁402。

1、存古逸

史之部次後於經，而史之源起實先於經，周官外史掌三皇五帝之
書，倉頡嘗為黃帝之史，則經名未立而先有史矣。後世著錄，惟以
《史》、《漢》為首，則《尚書》、《春秋》尊為經訓故也。今作史考，
宜具原委。凡《六經》、《左》、《國》、周秦諸子所引古史逸文，如
《左傳》所稱〈軍志〉、〈周志〉，《大戴》所稱〈丹書〉、〈青史〉之
類，略倣《玉海·藝文》之意，首標古逸一門，以討其原。

學誠主張蒐集先秦的逸史，因先秦史料不多，故不但逸史要輯，逸子也可兼
輯。這些都是古代社會史的絕好資料。如錢穆《先秦諸子繫年》便以諸子考
戰國史，可補《戰國策》《史記》的不足，即是其中著名一例。

2、采逸篇

若兩漢以下至於隋代，史氏家學，尚未盡泯。亡逸之史，載在傳
志，崖略尚有可考。其遺篇逸句，散見群書，稱引亦可寶貴。自
隋以前，古書存者無多，耳目易於周遍，可倣王伯厚氏採輯鄭氏
《書》、《易》、《三家詩訓》之例，備錄本書之下，亦朱竹垞氏采
錄緯候逸文之成法也。此於史學所補，實非淺鮮。

學誠意在說明兩漢至隋的逸史蒐輯亦不易，宜由專人負責，他看出王應麟、
朱彝尊等輯佚的成就與貢獻，故欲用於《史籍考》的編撰。這份見識與重視
逸文逸篇的用心，值得後人欽佩。

3、通經部

古無經、史之別，《六藝》皆掌之史官，不特《尚書》與《春秋》
也。今《六藝》以聖訓而尊，初非以其體用不入史也。而經部之
所以浩繁，則因訓詁、解義、音訓而多。若《六藝》本書，即是
諸史根源，豈可離哉？今如《易》部之〈乾坤鑿度〉、《書》部之
〈逸周諸解〉、《春秋》之〈外傳〉〈後語〉、韓氏傳《詩》、戴氏記
《禮》，俱與古昔史記相為出入。雖云已入朱氏《經考》，不能不
於〈史考〉溯其淵源，乃使人曉然於殊途同歸之義。然彼詳此略，
彼全此偏，主賓輕重，又自有權衡也。

群經的注疏，不只是訓詁、解義和音訓，其中所徵引的史籍不少，甚至不乏
逸史，特別值得注意。

4、擇子部

諸子之書，多與史部相爲表裡，如《周官》典法，多見於《管子》、
《呂覽》。列國瑣事，多見於《晏子》、《韓非》。若使鈎章釽句，附
會史裁，固非作書體要。但如〈官圖〉、〈月令〉、〈地圓〉諸篇之鴻
文鉅典，〈儲說〉、《諫篇》之排列記載，實於史部例有專門，自宜擇
取要册；入於篇次，乃使史事者無遺憾矣。

錢穆用諸子考史，取得重大收穫，已見上述。學誠於此又舉晏子、管子、韓
非、呂覽等四子爲例，固然不夠周遍，但可看出以子考史的重要性。

5、裁集部

漢魏六朝史學，必取專門文人之集，不過銘、箴、頌、誄、詩、賦、
書、表、文檄諸作而已。唐人文集，閒有紀事，蓋史學至唐而盡失
也。及宋元以來，文人之集，傳記漸多，史學文才，混而爲一，於
是古人專門之業，不可問矣。然人之聰明智力，必有所近，耳聞目
見，備急應求，則有傳記誌狀之撰，書事記述之文，其所取用，反
較古人文集徵實爲多。此乃史裁本體，因無專門家學，失陷文集之
中，亦可惜也。是宜取其連篇累卷入史例者，分別登書，此亦朱氏
取〈洪範五行傳〉於曾、王文集之故事也。

又云：

文集者，一人之史也。家史國史與一代之史，亦將以取證焉，不可
不致愼也。〔註37〕

學誠上述重點在「取其連篇累卷入於史例者，分別登書」，故可以有兩種做法：
（甲）、祇取合於史裁的傳記文集，才予以登書。當然此法遺珠也多；（乙）、
是索引式的，珠沙並陳，不甚選擇。此兩種方法，宜就需要實情，加以選擇，
或互參使用〔註38〕。

6、選方志

章學誠此則主張，置於下文述之，茲不複贅。

〔註37〕《文史通義・韓柳二先生年譜書后》，頁 266：另《校讎通義・東雅堂校刊韓
文書后》亦云：「文集者，一人之史也。其事其文，苟與其人相涉，未有不爲
一例通篇」亦可參考，見頁 629。

〔註38〕喬衍琯，《文史通義：史筆與文心》（台北：時報出版公司，中國歷代經典寶
庫本，1987），頁 169～171。

7、略譜牒

> 方志在官之書，猶多庸劣。家譜私門之記，其弊較之方志，殆又
> 甚焉。古者譜牒掌於官，而後世自爲書，不復領於郎令史故也。
> 其徵求之難，甚於方志，是亦不可得而強索者矣。惟於統譜類譜，
> 彙合爲編，而專家之譜，但取一時理法名家，世宦臣族，力之所
> 能及者，以次列之，仍著所以不能遍及之故，以待後人之別擇可
> 耳。

家譜族譜，徵集固然不易；數量太多，別擇也必困難，惟能時常留意徵集，
並請通人纂修，具有史裁，則其價值即高。蓋譜牒之中不僅有世系人物，更
有極豐富且具價值的社會史料，譬如可用來做爲當時人口年齡的統計或各地
族姓的分布與流動，均極具史料價值。族譜甚多，但學誠只注意到統譜、類
譜和名家巨族，顯然不夠。今之族譜，較前多出甚多，也宜有專人負責整理
考訂，一如方志，把結論供有志修史籍考的人參考。

> 以上文集與家譜，都是「史傳之支流，亦以備史傳之採取也」〔註39〕，
可備爲國史參酌取捨之用。

8、尊制書

> 《列聖寶訓》《五朝實錄》《巡幸盛典》《蕩平方列》一切尊藏史宬
> 者，不分類例，但照年月先後，恭編卷首。

其實奏議與詔策，亦在制書之外爲學誠所重，因爲兩者皆信而可徵。〔註40〕

9、明禁例

> 凡違礙書籍，或銷毀全書，或摘抽摘毀。其摘抽而尚聽存留本書者，
> 仍分別著錄。如全書銷毀者，著其違礙應禁之故，不分類例，另編
> 卷末，以昭功令。

〔註39〕《校讎通義・高郵沈氏家譜敘例》，頁678。另可見《章氏遺書・劉忠介公年
譜序》（台北：漢聲出版社，1973），云：「魏晉以還，家譜圖牒，與狀述傳志
相爲經緯。蓋亦史部支流，用備一家之書而已」，見頁465上。又〈與馮秋山
論修譜書〉，亦云：「夫譜乃一家之史。史文宜簡宜繁，各有攸當。豈得偏主
簡之一說以概其凡！」見《校讎通義》，頁681。

〔註40〕《文史通義・方志略例一》〈和州志皇言紀序例〉，云：「司馬遷侯國世家，亦
存國別爲書之義，而孝武三王之篇，詳書詔策，冠於篇首。王言絲綸，史家
所重，有由來矣。」又「然而四方之書，必隸外史；書令所出，奉爲典章。
則古者國別爲書，而簡策所昭，首重王命，信可徵也」，頁399。

10、詳采摭

> 現有之書，鈔錄敘目凡例：亡逸之書，搜剔群書紀載，以及聞見所
> 及，理宜先作長編，序跋評論之類，鈔錄不厭其詳。長編既定，及
> 至纂輯之時，刪繁就簡，考訂易於為力。仍照朱氏《經考》之例，
> 分別存、軼、闕與未見四門，以見徵信。

蒐輯資料，多多益善，故有此則。章氏的方法，比朱彝尊的《經義考》還要
廣。朱氏只選擇性鈔錄序跋，章氏則兼及敘目凡例。亡佚之書，朱氏僅輯緯
書的佚文，章氏則普遍地搜剔群書記載，再加上見聞所及。

總上十則，可以看出學誠的史料學範圍，舉凡經史子集、譜牒方志乃至
序論題跋，盡皆史料，所論亦比劉知幾、鄭樵等人更為詳密。不惟如此，學
誠對於「殘碑斷石，餘文剩字」以及稗官小說，均主搜輯之，使其史料學更
為完備。曾謂：

> 又近來學者，喜求徵實。每見殘碑斷石，餘文剩字，不關於正義者，
> 往往藉以考古制度，補史闕遺，斯固善矣。〔註41〕

> 史乘有稗官小說，專門著述而有語錄說部，詞章泛應有猥濫文集，
> 皆末流之弊也。其中豈無可取！然如披沙撿金，貴於精審。否則沿
> 流忘源，汩其性而不可入德矣。〔註42〕

學誠獨具慧眼以為稗官野史「未為無意」，此一見識，值得推崇。在當時「通
人鄙之」的時代，學誠獨舉此說，實有超越時人之處。其〈史籍考總目〉中，
最後一部即是小說，計《瑣語》二卷、《異聞》四卷，雖總數不多，但史學部
也僅有考訂、義例、評論、蒙求各一卷而已。不過筆記小說中的史料，十分
零亂，而且夾雜許多沒有史料價值的部分。所記又疑信參半，此時即需一番
披沙撿金、考訂辨偽的工夫了。整理小說中的史料，近人已開始為之，而以
小說資料為輔撰成史者，何炳棣的《明清社會史論》應是其中一部成功的著
作〔註43〕。

史料範圍既然如此之廣，則辨擇史料無疑相當重要。除在前述十項已多

〔註41〕 《文史通義・古文十弊》，頁71。
〔註42〕 《文史通義・立言有本》，頁207。
〔註43〕 何炳棣，《明清社會史論》（*The Ladder of Success in Imperial China*）（台北：
宗青圖書公司翻印本，1987）；另黃仁宇，〈從《三言》看晚明商人〉，收在《放
寬歷史的視界》（台北：允晨出版社，1988），頁1～32，亦可參考。

少有蒐集、鑑別、整理、辨證史料的方法，但根本之道仍在史識的運用，學誠有云：

> 載筆之士，蘄合乎古人立言之旨，必從事於擇與辨。……夫志狀之文，多爲其子孫所請，其生平行實，或得之口授，或據其條疏，非若太常議諡，史館別傳，確然有故事可稽，案牘可核也。採擇之法，不過觀行而信其言，即類以求其實，參之時代以論其世，核之風土而得其情，因其交際而察其游，審其細行而觀其忽，聞見互參，而窮虛實之致，瑕瑜不掩，而盡抑揚之能，八術明而春秋經世之意曉然矣。生平每謂文采未優，古人法度不可不守；詞章未極，三代直道不可不存。其於斯文則範我馳驅，未嘗不爲是凜凜焉。〔註44〕

學誠提出的方法在「擇」與「辨」。這個辦法比劉知幾多了一「辨」的工夫，是一項進展。但若謂「擇」中本已有「辨」也似無不可。也由於史料範圍極廣，章學誠更主張搜集史料，應由州縣學校專門負責，其便則有四：

> 夫求書在一時，而治書在平日……若紀載傳聞，《詩》《書》雜誌，真訛糾錯，疑似兩淆……並當於平日責成州縣學校師儒講習，考求是正，著爲錄籍……如是則書掌於官，不敢散逸，其便一也。事有稽檢，則奇衺不衺之説，淫詖邪蕩之詞，無由伏匿，以干禁例，其便二也。求書之時，按籍而稽，無勞搜訪，其便三也。中書不足，稽之外府，外書訛誤，正以中書；交互爲功，同文稱盛，其便四也。此爲治書之要。當議於求書之前者也。〔註45〕

並應分史材爲三類：志、掌故、文徵，爲搜求的標準。上三者相輔而行，缺一不可；合而爲一，更加不可〔註46〕。

史料既爲撰史的憑藉，故不能不保存之，學誠以爲尼山泗水之間，最爲恰當。他説：

> 鄭樵以謂性命之書，往往出《道藏》；小説之書，往往出於《釋藏》。夫儒書散失，至於學者已久失其傳，而反能得之於二氏者，以二氏有藏以爲之永久也。夫《道藏》必於洞天，而《佛藏》必於叢刹。然則尼山、泗水之間，有謀禹穴藏書之舊典者，抑亦可以補中秘所

〔註44〕《章氏遺書‧金君行狀書後》，中冊，卷21，頁478下。
〔註45〕《校讎通義‧校讎條理》，頁571～572。
〔註46〕《文史通義‧方志立三書議》，頁388。

不逮歟！〔註47〕

連史料的收藏地方，學誠都已考慮到了，這是以往的史家所未及的。

　　至於學誠另有「撰述」與「記注」的區別，其中記注亦屬史料學範圍之內，本應論之，唯與「撰述」並論，較易明白其主旨，故置於下節敘論之。

　　總前所言，學誠的史料文獻學範圍已推至極廣。張其昀在〈劉知幾與章實齋之史學〉即舉六端「先王政典、州郡方志、金石圖譜、詩文歌謠、官府簿籍、私門著作」以言學誠徵集史料之法，遠較知幾為詳〔註48〕，大致吾人可言，除地下發掘之出土物如甲骨文、金縷玉衣、兵馬俑等等學誠生在當世尚未發現，故未成論外，已推至「盈天地間，凡涉著作之林，皆是史學」的範疇了，足使後世史家一變觀念，受其間接直接之影響了。

（三）歷史編纂學

　　史料的選擇與運用確定之後，就必須注意史書記載的內容形態了。談及史書的編纂，首先應涉及體裁問題。章學誠的編纂學方法論，則在乎其討論史體源流。他把古今之載籍，分為「撰述」與「記注」兩類。他曾說：

> 三代以上，記注有成法，而撰述無定名。三代以下，撰述有定名，而記注無成法。夫記注無成法，則取材也難；撰述有定名，則成書也易。成書易則文勝質矣。取材難則偽亂真矣。偽亂真而文勝質，史學不亡而亡矣。〔註49〕

按錢穆對這話的說明，是：

> 他（章學誠）只說：三代以上記載歷史有一定的「成法」，而所寫的歷史書，則並無一定的「名稱」。如書與春秋，名便不同，但各是一種撰述。而且六經皆史，有《詩》、有《易》、有《禮》，也是無定名而更不同。到三代以下，便成為撰述有定名，如《史記》、《漢書》、《二十四史》，皆所謂「史」，便有了一個「定名」了。然而各項材料記注，則失掉了一個一定的方法。這一層，我們也可以說是章實齋講古今史學變遷一個極大的見解。他認為如何把一切史料保存下

〔註47〕《校讎通義·藏書》，頁574。
〔註48〕張其昀，〈劉知幾與章實齋之史學〉，《學衡》第五期（1922.5），又收在杜維運等編，《中國史學史論文選集》（台北：華世出版社，1976）第二冊，頁745～746。
〔註49〕《文史通義·書教上》，頁7。

來，該有一個一定的方案，而後來沒有了。至於根據這些保存下來的一切史料而來寫歷史，這就不該有一定的體裁，主要該是各有一套專家之學，而後來則反而人人相因，都變成好像有一個定規了。

〔註50〕

簡單說：「記注」是史料，「撰述」則是一種著作。兩者之間，有一定的分別和聯繫。其「聯繫」在於記注是撰述的史料，根據記注，由作者寫成「專家之學」的「撰述」，兩者相因相成。其「分別」在於記注是原始材料，是纂輯類比之書；撰述在他的觀念中，則必須合乎獨斷之學、一家絕學。兩者雖殊途而不相害。

　　章學誠還更進一步以「圓而神」和「方以智」來說明撰述與記注的區別。他說：

　　　《易》曰：筮之德圓而神，卦之德方以智。間嘗竊取其義，以概古今之載籍。撰述欲其圓而神，記注欲其方以智。夫智以藏往，神以知來。記注欲往事之不忘，撰述欲來者之興起，故記注藏往似智，而撰述知來擬神也。藏往欲其賅備無遺，故體有一定，而其德為方；知來者欲其決擇去取，故例不拘常，而其德為圓。〔註51〕

就是要求撰述應達到「圓而神」，記注「方以智」的境地。除此外，尚須「藏往德方」「知來德圓」。換言之，「撰述」「記注」與「藏往」「知來」「圓神」「方智」都要完全相應配合。錢穆有一段話，可再幫助我們理解章學誠的原文：

　　　收羅過去一切，保存下來，這是一個「體」，有其一定的客觀標準並有一定的規矩。凡是以往事都要收羅，所以其德為方，它是一個沒有變化的。待我們用此材料來抉擇，那許多有用，那許多無用，有用者取，無用者去，這就看各人的眼光。這是一種主觀的，因於人而不同，更亦因於時代而不同，這是可以變動的，所以說其德是圓。

〔註52〕

學誠此一理論，在他處尚講到「著述」與「比類」〔註53〕，其實即撰述與記

〔註50〕錢穆，《中國史學名著》2，頁320。

〔註51〕《文史通義‧書教下》，頁12。

〔註52〕錢穆，《中國史學名著》第二冊，頁323。

〔註53〕《文史通義‧報黃大俞先生》有云：「古人一事必具數家之學。著述與比類兩家，其大要也。……兩家本有相因，而不相妨害。拙刻〈書教〉篇中所謂圓神方智，亦此意也。但為比類之業者，必知著述之意，而所次比之材，可使

注的同義詞。學誠又謂撰述之業，可再分「獨斷」與「考察」二端，「高明者，多獨斷之學；沈潛者，尚考索之功，天下之學術，不能不具此二途」〔註54〕。而記述之業，亦即所謂比次之書，祇在於整齊故事而已，非專門著作也。這些名詞都由「撰述」與「記注」兩者而衍發。其實綜觀學誠區分兩者的目的不外乎：一強調「撰述」的重要性大於「記注」；史料性質比次之業的記注只是開端，最後的目的則在於成就具備考索之功或獨斷之學的一家之言的撰述之業。二對章學誠而言，史學是用來「明道」，即「即器以明道」，故其用意在推崇「撰述」，提倡獨斷，反對因循；肯定家學，薿視官修，這對當時以補苴襞績，鈔纂排比爲絕大學問的漢學家，可以說是一個嚴重的批判，因而極具現實意義。

當然，針對前引「夫記注無成法，則取材也難；撰述有定名，則成書也易」的困境，學誠主張州縣立志科，來挽救前者（記注）之失〔註55〕；而且主張史著必須體有因創，貴於變通，所以矯後者（撰述）之弊。〔註56〕

其實「記注」與「撰述」之分，劉知幾已啓其旨。《史通・史官建置》：

> 爲史之道，其流有二。何者？書事記言，出自當時之簡；勒成刪定，歸於後來之筆。然則當時草創者，資乎博聞實錄，若董狐、南史是也。後來經始者，貴乎儁識通才，若班固、陳壽是也。必論其事業，先後不同，然相須而作，其歸一揆。〔註57〕

文中所謂當時之簡，屬於記注之史料。所謂後來之筆，屬於撰述之史著。二者流別不同，事實相須。學誠蓋本知幾此話而言，只是更加詳善而已。而且鄭樵也說過：「有史有書，學者不辨史、書。史者官籍也；書者，書生所作也。自司馬以來，凡作史者，皆是書，不是史。」〔註58〕所謂「史」即史料，「書」

著述者出，得所憑藉，有以恣其縱橫變化。又必知己之比類與著述者各有淵源。而不可以比類之密，而笑著述之或有所疏。比類之整齊而笑著述之有所畸輕畸重，則善矣。蓋著述譬之韓信用兵，而比類譬之蕭何轉餉。二者固缺一不可。而其人之才，固易地而不可爲良者也」，見頁297。又〈與邵二雲論修宋史書〉亦云：「圓神方智，定史學兩大宗門。而撰述之書不可律以記注一成之法」，見頁316。

〔註54〕《文史通義・答客問中》，頁140。
〔註55〕《文史通義、州縣請立志科議》，頁394～398。
〔註56〕參葉瑛校注，《文史通義校注》，頁33，註九條。
〔註57〕《史通釋評・史官建置》，頁371。
〔註58〕《夾漈遺稿・寄方禮部》（台北：台灣商務印書館，景印文淵閣四庫全書本，1983重刊）第1141冊，頁519上。

即史書，也影響了章學誠。上承劉、鄭兩家說法，而且更加發揮以提出「記注／方智／藏往」與「撰述／圓神／知來」的系統，確定史學兩大宗門，不特足以提高史料地位，並可矯正歷史錯誤的觀點，實有勝過劉、鄭之處，可說學誠之非常特識，亦可謂其於史學史上的一大貢獻〔註59〕。

至於何種體例的「撰述」，才是學誠心目中的優選？則由他一再申鄭揚馬，已知「通史」才是所要答案之一。章學誠曾在《文史通義》詳論各種史體的發展演變和長短得失，可以看出他在歷史編纂法上也多有創見。在他看來，史體的發展演變是歷史編纂學進步的表現。他說：

> 《尚書》一變而為左氏之《春秋》，《尚書》無成法而左氏有定例，以緯經也；左氏一變而為史遷之紀傳，左氏依年月，而遷書分類例，以搜逸也；遷書一變而為班氏之斷代，遷書通變化，而班氏守繩墨，以示包括也。〔註60〕

可見由《尚書》以下迄於馬班，都互有演變。但自班氏《漢書》之後，所有史書都「謹守繩墨」不知變通，遂如奉守科舉之程式，官府之簿書，為體例所拘，這是學誠所深致歎惋的。直至袁樞創紀事本末體，始替逐漸僵硬的歷史編纂學開拓一條新路。是體頗有化臭腐為神奇之效，學誠大為讚賞，云：

> 司馬《通鑑》，病紀傳之分，而合之以編年；袁樞《紀事本末》，又病《通鑑》之合，而分之以事類。按本末之為體也，因事命篇，不為常格，非深知古今大體，天下經綸，不能網羅隱括，無遺無濫。文省於紀傳，事豁於編年，決斷去取，體圓用神，斯真《尚書》之遺也。〔註61〕

紀事本末體的長處在「文省於紀傳，事豁於編年」，實是史界一大發明，學誠推為體圓用神，真《尚書》之遺，可見其價值。這種史體，近代亦予重視，梁任公曾說：

> 蓋紀傳體以人為主，編年體以年為主，而紀事本末體以事為主。夫欲求史蹟之原因結果，以為鑑往知來之用，非以事為主不可。故紀

〔註59〕《文史通義・與邵二雲論修宋史書》，頁316。但在章學誠的觀念裡，撰述體圓與記注方智也不是絕對的，〈書教下〉對班固《漢書》的評語是「體方用智」，但卻又說「則於近方近智之中，仍有圓而神者，以為之裁制，是以能成家，而可以傳世行遠也」，見頁13。

〔註60〕《文史通義・書教下》，頁13。

〔註61〕葉瑛校注，《文史通義校注》，頁51～52。

事本末體於吾儕之理想的新史最爲相近，抑亦舊史進化之極軌也。
〔註62〕

但學誠又說袁樞作紀事本末「初無其意，且其學亦未足與此，書亦不盡合於所稱」〔註63〕，而且也認爲「紀事本末，不過纂錄小書，亦不盡取以爲史法」〔註64〕，因而他想取諸體之長，去諸體之短，另創新體，再把歷史編纂學推進一步。《文史通義·與邵二雲論修宋史書》曾言及此事：「今仍紀傳之體而參本末之法，增圖譜之例而刪書志之名，發凡起例，別具〈圓通〉之篇。」〔註65〕他擬用這種新體裁撰寫《宋史》。他的觀念裡，新體應包含三種：一爲〈本紀〉，爲諸候之經，師《春秋》之法，二爲〈紀事本末〉，按照事類分別專題，「或考典章制作，或敘人事終始，或究一人之行，或合同類之事，或錄一時之言，或著一代之文，以緯本紀」；三爲圖表，他說：「至於人名事類，合於本末之中，難以稽檢，則別編爲表，以經緯之；天象地形，輿服儀器，非可本末該之，且亦難以文字著者，別繪爲圖，以表明之」〔註66〕，這種體裁，章學誠認爲：

> 較之左氏翼經，可無局於年月後先之累；較之遷《史》之分別，可無歧出互見之煩。文省而事益加明，例簡而義益加精，豈非文質之適宜，古今之中道歟？（中略）蓋通《尚書》《春秋》之本原，而拯馬《史》、班《書》之流弊，其道莫過於此。〔註67〕

學誠試圖綜合眾體之長，編出圖文並茂、綱舉目張的史著。但可惜〈圓通〉篇已經散失，其《宋史》又未寫成。否則，學誠在史學史上的貢獻一定更加可觀。筆者以爲除學誠屢爲生活所迫，依人爲生，難以撰就等原因之外，其好友邵晉涵的早逝亦不無關聯，兩者都令人爲之惋惜。

　　史體的源流、體裁既如上述，以下當就體例之下的義例，更進一步地分析學誠有關的見解。茲擇要分紀傳、圖表、別錄、自注四者敘之。

1、紀　傳

　　學誠提出紀傳應「斟酌古今之史，而定文質之中，則師《尚書》之意，

〔註62〕 梁啓超，《中國歷史研究法附補篇》（台北：台灣中華書局，1973），頁20。
〔註63〕 葉瑛校注，《文史通義校注》，上冊，頁52。
〔註64〕 《文史通義校注》，頁52。
〔註65〕 《文史通義校注》，頁53。
〔註66〕 《文史通義校注》，頁52～53。
〔註67〕 《文史通義校注》，頁52～53。

而以遷史義例通左氏之裁制焉。所以救紀傳之極弊,非好爲更張也」〔註68〕的原則,秉此,再詳述其主張,云:

> 《尚書》爲史文之別具,如用《左氏》之例而合於編年,即傳也。
> 以《尚書》之義爲《春秋》之傳,則《左氏》不致以文徇例,而浮
> 文之刊落者多矣。以《尚書》之義,爲遷史之傳,則〈八書〉、〈三
> 十世家〉,不必分類,皆可做左氏而統名曰傳。或考典章制作,或
> 敘人事終始,或究一人之行,或合同類之事,或錄一時之言,或著
> 一代之文,因事命篇,以緯本紀。則較之左氏翼經,可無局於年月
> 後先之累;較之遷史之分別,可無歧出互見之煩,文省而事益加明,
> 例簡而義益加精。豈非文質之適宜,古今之中道歟?〔註69〕

他主張效法《尚書》因事命篇的傳,隸屬於本紀之下,此即將紀傳編年與紀事本末各體,合於一爐共冶之了。這個主張,可免去左馬以來諸史的弊端。此則可明學誠由發展的觀點來看待史體的變革,一以明其前後繼承的關係,另以指出其創造性的發揮。

循此,學誠尚有鑒於諸史本紀,皇帝除即位頒詔、軍國大事、除授百官諸事之外,反對皇帝本身之生平事蹟,鮮少詳述,不免不足,故學誠主張人君行事,參以傳體,即在帝紀之後,再增一「帝傳」,唯應改稱「大傳」〔註70〕。

2、圖 表

學誠針對此則,曾云:

> 史不立表,而世次年月,尤可補綴於文辭。史不立圖,而形狀名象,
> 必不可旁求於文字,此耳治目治之所以不同,而圖之要義,所以更
> 甚於表也。古人口耳之學,有非文字所能著者,貴其心領而神會也。
> 至於圖象之學,又非口耳之所能授者,貴其目擊而道存也。雖有好
> 學深思之士,讀史而不見其圖,未見冥行而擿埴矣。〔註71〕

可知圖、表對修史都很重要,但圖比表更重要;表尚可用文詞補綴,圖即不行。學誠之意,其實在於圖、表、說(文辭)三者相輔並存是最佳的修史法則。他還說過:「圖不詳而繫之以說,說不顯而實之以圖,互著之義也。文省

〔註68〕《文史通義·書教下》,頁15。
〔註69〕《文史通義·書教下》,頁15~16。
〔註70〕《文史通義·方志略例,永清縣志恩澤紀序例》,頁428。
〔註71〕《文史通義·方志略例,永清縣志輿地圖序例》,頁436。

而事無所晦，形著而言有所歸，述作之則也。」〔註72〕可知圖表與文辭應爲三位一體，然而前人多重文辭而略圖表，故學誠特提出此說來強調其編纂學上的獨識。

3、別　錄

學誠自解其意云：「蓋諸家之史，自有篇卷目錄冠於其首以標其次第；今爲提綱契領，次於本書目錄之後，別爲一錄，使與本書目錄相爲經緯。斯謂之別錄云爾。」學誠之意，蓋在一部《二十四史》浩如雲海，應另作二十四篇別錄以提契其綱領。別錄應當如何修述？學誠則言：

> 今爲編年而作別錄，則如每帝紀年之首，著其后妃、王子、公主、宗室、勳戚、將相、節鎮、卿尹、臺諫、侍從、郡縣、守令之屬，區別其名，注其見於某年爲始，某年爲終，是亦於編年之中可尋列傳之規模也。其大制作、大典禮、大刑獄、大經營，亦可因事定名，區分品目，注其終始年月，是又編年之中，可尋書志之矩則也。至於兩國聘盟，兩國爭戰，亦可約舉年月，繫事隸名，是又於編年之中，可尋表曆之大端也。如有其事其人不以一帝爲終始者，則於其始見也，注其終詳某帝，於其終也，注其始詳某帝可也；其有更歷數朝，仿其意而推之可也。
>
> 紀傳之史，必當標舉事實，大書爲綱，而於紀表志傳與事連者，各於其類附注篇目於下，定著別錄一篇，冠於全書之首，俾覽者如振衣之得領，張網之挈綱，治紀傳之要義，未有加於此也。〔註73〕

學誠在上面說明了「編年／分類」與「紀傳／互注」兩體都要使用別錄來補偏救弊。學誠所謂「紀傳之史，引而不合，當用互注之法，以聯其散；編年之史，渾灝無門，當用區別之法，以清其類」又說：「紀傳苦於篇分，別錄聯而合之，分者不終散矣；編年苦於年合，別錄分而著之，合者不終混矣」〔註74〕，正是以「別錄」同時補救兩體之失的，所以學誠自認爲別錄爲治史最好的辦法之一，爲「詳略可以互糾，而繁複可以檢省，載筆之士或可因是而恍然有悟於馬、班之家學歟！」〔註75〕，故提倡增編別錄，可謂係學誠對史學

〔註72〕《文史通義‧方志略例》，〈和州志輿地圖序例〉，頁408。
〔註73〕《文史通義‧史篇別錄例議》，頁248～251。
〔註74〕《文史通義‧史篇別錄例議》，頁250。
〔註75〕《文史通義‧史篇別錄例議》，頁249。

重大的貢獻。近代姚名達重編《章實齋遺著》，便也實行其互注別錄的方法〔註76〕，可見它對於史學義例的影響。

4、史　注

學誠極為注重史注，尤重於史家的自注，他主張恢復《史》《漢》以來的自注，要云：

> 夫文史之籍，日以繁滋，一編刊定，則徵材所取之書，不數十年嘗亡失其十之五六，宋元修史之成規可覆按焉。使自注之例得行，則因援引所及，而得存先世藏書之大概，因之以校正藝文著錄之得失，是亦史法之一助也，且人心日漓，風氣日變，缺文之義不聞，而附會之習且愈出愈工焉。在官修書，惟冀塞責；私門著述，苟飾浮名；或剿竊成書，或因陋就簡，使其術稍黠，皆可愚一時之耳目，而著作之道益衰。誠得自注以標所去取，則聞見之廣狹，功力之疏密，必術之誠偽，灼然可見於開卷之頃，而風氣可以漸復於質古，是又為益之尤大者也。然則考之往代，家法既如彼；揆之後世，繫重又如此，夫翰墨省於前，而功效多於舊，孰有加於自注也哉！〔註77〕

自注的好處，盡如上言。若古來學者能了然此道，則古籍之中的訛誤簡略以致後世的聚訟難斷、穿鑿誤會，不知可以省卻多少，況且更有作者的法外傳心、微言大旨都須待自注以明的〔註78〕。

從史體的源流、體裁以至於義例之紀、傳、圖、表、別錄、史注，學誠都有新的建設性的重要主張，張其昀以為章學誠的「新史學」已經盡在此了，言曰：

〔註76〕 吳天任《章實齋史學》，頁57，所舉姚名達重編《章實齋遺著》，〈敘目〉云：「一篇之主旨，既有所在，而隸之某部某類矣。其旁文斜綴，關涉他部類者所在多有，實齋所以互著之法以濟其窮也。今善循其例，如某篇意在論學，間又論文，則錄其文於論學之部，名曰第幾篇，而於論文之部，另標其上曰別錄第幾，而不錄其文，但注曰見第幾部。亦有錄某部某篇之一段為他部之別錄者，則注曰全文見第幾部，凡整篇附錄析錄節錄俱得有別錄。」

〔註77〕 《文史通義・史注》，頁154。

〔註78〕 《文史通義・史注》有云：「昔夫子之作《春秋》也，筆削既具，復以微言大義口授其徒；《三傳》之作，因得各據聞見，推闡經蘊，於是《春秋》以明。……古人專門之學，必有法外傳心，筆削之功所不及，則口授其徒而相與傳習其義，以垂永久也。」頁153。

　　章君以爲紀傳之史，引而不合，當用互注之法，以聯其散；編年之
史，渾灝無門，當用區別之法，以清其類。其大要詳於〈史學別錄
例議〉中，別錄之法，所以救前史以往之失也。章君之新史學，則
仍紀傳之體，而參本末之法，增圖譜之例，而刪書志之名，創立新
裁，疏通條目，較古今之述作，定一書之規模。觀其特長，在於因
事命篇，不徇成例，包該萬殊，連類相屬，起訖自如，並無或溢，
而又別編表解，繪著圖像。可知章君之新史學，極合於今日修史之
用。其應行申說者，即全書當以論理之組織統一之，要其體實不可
移矣。〔註79〕

張氏所說極有見解，可謂一語中的。再以近代史學審視學誠以上四項主張，
今日史著大部採章節體，頗有與紀事本末與紀傳編年諸體之合相通處，唯
其「大傳」次於「帝紀」之說，迄今似尚未見實現。「圖表」應當並重，乃
至合文辭成三位一體之說，則古人不能同時並重，而今日學界則已蔚然成
風，尤以研治經濟史、社會史者爲然，可見其過人之識；「別錄」之說，何
炳松以爲二十四篇別錄連綴在一起，即如一部令人望眼欲穿的中國通史。
但可惜的是學誠爲貧窮所困，奔走四方，竟無暇行其所知，以餉後學〔註
80〕。然由後來姚名達之試煉，可以證知其法固有所見。「史注」之說，以
今日史學學術著作的要求標準觀之，也是合乎現代潮流的，因而更可以看
出學誠的卓識。

　　而有關紀傳圖表別錄史注四者，吳天任《章實齋的史學》一書，第五章
「史體的變革」作者以整章闡論相關見解，甚爲豐贍翔實，可以參讀，本文
在周詳引喻方面自無以逾越之，唯吳著專書論述學誠史學特色在於確立史學
兩大宗門（第二章）、史德的倡導（第三章）、通史的主張（第四章）、方志的
改造（第六章）等等之外，別立史體的變革一章詳論四者，取得與前後諸章
平行的重要性，自是甚爲突出有識，而拙文則置此四者於章氏史學方法論體
系中，史裁編纂法一項之內觀審其卓越見解，可說在取徑（approach）上略有
小異，此又不能不略加說明。

〔註79〕張其昀，〈劉知幾與章實齋的史學〉，收於杜維運等編《中國史學史論文選集》
　　　　2，頁763～3。
〔註80〕何炳松，〈章學誠史學管窺〉，《何炳松論文集》（北京：商務印書館，1990），
　　　　頁118。

（四）校讎目錄學

　　章學誠史學在校讎方法方面有《校讎通義》專書，是書延用宋代鄭樵以「校讎」涵蓋「目錄」的觀念，繼續發揚鄭樵的〈校讎略〉，加以補充和修正而成。是書〈敍〉云：

> 校讎之義，蓋自劉向父子，部次條別，將以辨章學術，考鏡源流，非深明於道術精微，群言得失之故者，不足與此。……鄭樵生千載而後，慨然有會於向歆討論之旨，因取歷朝著錄，略其魚魯豕亥之細，而特以部次條別，疏通倫類，考其得失之故，而爲之校讎，蓋自石渠天錄以還，學者未嘗窺見也。

可知鄭章二氏的校讎之義，已非劉氏父子之舊可知，其意在考辨古書有「篇卷參差，敍例同異」〔註81〕，最終在「辨章學術，考鏡源流」，所以他以校讎題爲書名，其意旨即在自述對千古簿錄之見解，其言或發前人之未發，或糾鄭樵之謬，或補漢志之非。而本節主在陳述其發前人未發之專見，至於後兩者，則非本文所欲述之大端。

　　學誠雖不以「目錄學」稱圖籍編目校書之學而改以「校讎學」，但約略同時之前後學者如王鳴盛、金榜、黃丕烈、顧千里、龔自珍則仍維持「目錄學」正名而稱之，今日學科分類亦稱之爲「目錄學」，但兩者各有廣狹含義，互見短長，若如鄭章二氏欲以校讎包目錄，顯非古義，而今日目錄之名，又遺校讎之旨，亦未見當〔註82〕，因而本文爲統合鄭章二氏之相關見解，及結合校錄兩學之內容，故改稱以「校讎目錄學」。

　　不過，學誠的校讎學確有其獨到之處，王重民以爲章學誠之「校讎心法」代表乾嘉以來中國目錄學方法和理論的最高成就，使古時只談校書編目分類的方法論，開始走向研究、討論和編製專科目錄、參考目錄的方向〔註83〕。若就此方向而論，則顯然與圖書館學系或中文系所研究者相重複，故本文只擬就其與史論有關者抉發敍之，不及其他。茲分數則，簡述如下：

1、建立校錄學新理論體系

　　前引《校讎通義·敍》已爲校讎學下一完整系統的定義，指出其任務不

〔註81〕《章氏遺書·信摭》（外篇卷一），頁822下。
〔註82〕參田鳳台，《古籍重要目錄書析論》（台北：黎明文化事業公司，1990），頁98。
〔註83〕王重民，〈論章學誠的目錄學〉，收在《中國史學史論集》，頁575～6。

僅在甲乙丙丁排列圖書目錄，更重要的是「辨章學術・考鏡源流」。前者只為後者服務而已，學誠所謂的「辨章」和「考鏡」，都是指圖書資料的分類、著錄、解說等等必須與學術史思想史相結合，如此方法從圖書發展史的角度，發揮「即類求書，因書究學」的門徑作用，最後達到瞭解該項學問之淵源、流別及得失。學誠以此一角度來規範編次書籍的任務及其作用，可謂是歷史上首次明確地把編製目錄提昇到學問的程度，比起鄭樵的〈校讎略〉所提出的「類例既分，學術自明，以其先後本末具在」的說法更具系統性、完整性。故而可知學誠的校讎目錄學不與一般的目錄學等量齊觀。

其次，學誠從發展的觀點出發，強調目錄的編製方法和形式都要適應圖書發展的規律，把能否符合「辨章學術、考鏡源流」做為評價目錄得失的準則。他在《校讎通義・原道》中即要求編製目錄要先明「大道」，說：

> 《輯略》……最為明道之要……其敘六藝而後，次及諸子百家，必云某家者流，蓋出於古者某官之掌，其流而為某氏之學，失而為某氏之弊。其云某官之學，即法具於官，官守其書之義也；其云流而為某家之學，即官司失職，而師弟傳業之義也；其云失而為某氏之弊，即孟子所謂生心發政，作政害事，辨而別之，蓋欲庶幾於知言之學者也。由劉氏之旨，以博求古今之載籍，則著錄部次，辨章流別，將以折衷六藝，宣明大道，不徒為甲乙紀數之需。

這裏指出使目錄發揮「辨章學術，考鏡源流」的作用，才能明道。除此外，尚須使目錄的內容結合當時政治實際來評論學術思想的得失，此即孟子的知言之學。學誠還在〈原道〉中，闡述中國圖書目錄的起源和發展過程，他以為春秋以前，學術在官，圖書由專職官員負責保管，因官職之不同，而圖書自然也分類別。春秋以後，私家著述興起，衝破學術在官、圖書官守的格局，產生了劉向父子首次完成的圖書分類，形成最早的系統目標。學誠以其能夠順應歷史潮流，能「辨章學術，考鏡源流」而給予很高的評價，學誠尚多寫了一〈宗劉〉篇，以溯其源，即甚重之。劉向、歆父子《七略》的分類體系是結合有學術流別，他強調此優良傳統應加繼承。然東漢三國以後，圖書資料的品類增多，衝破《七略》的分類，產生了四部分類法，學誠起初不能接受這種變代，但在改寫《校讎通義》（1788）後，修正自己的看法，說：

> 七略之流而為四部……皆勢之所不容已者也。史部日繁，不能悉隸以《春秋》家學……文集熾盛，不能定百家九流之名目……凡一切

古無今有，古有今無之書，其勢判若霄壤，又安得執《七略》之成
法以部次近日之文章乎？〔註84〕

他既接受四部分法的優點，又看到四部分法也亂了書籍的部次，影響辨章學
術、考鏡源流的作用，所以提出補救辦法：「《七略》之古法終不可復，而四
部之體質又不可改，則四部之中附以辨章流別之義，以見文學之必有源委，
亦治書之要法。」

他建議「就四部之成法，而能討論流別」〔註85〕，以集兩者之大成，並
補七略、四部之不足，使目錄既能適應圖書的新發展，並能揭示圖書發展的
規律。由上可知，「辨章學術、考鏡源流」本是學誠對劉氏父子《七略》體系
的總結，卻為他發展成校讎目錄學的明確任務及編纂、評價目錄的基本原則。

2、為實現「辨章學術、考鏡源流」，提出「互著別裁」法。

系統分類目錄經劉歆《七略》鄭樵〈校讎略〉的闡發之後更加明確，至
章學誠則進一步指出系統分類目錄的重要意義，他在《校讎通義·互著》裡
說：「部次流別，申明大道，敘列九流百氏之學，使之繩貫珠聯，無少缺逸，
欲人即類求書，因書究學。」又：「理有互通，書有兩用者，未嘗不兼收並載，
初不以重複為嫌。其於甲乙部次之下，但加互注以便稽檢而已。古人最重家
學，敘列一家之書，凡有涉此一家之學者，無不窮源至委，竟其流別。所謂
著作之標準，群言之折衷也。如避重複而不載，則一書本有兩用而僅登一錄，
於本書之體既有所不全，一家本有是書而缺而不載，於一家之學亦有所不備
矣。」「部次群書，標目之下，亦不可使其類有所缺。故詳略互載，使後人溯
家學者，可以求之無弗得，以是為著錄之義而已。」此即說：一書的主題，
與兩個類目有關；或者一書有兩個以上的主題，則必與兩個以上的類目相應，
此時即須兼收並載，不以重複為嫌。

又有一種是在一書之中，採取了現成著作，或部分自成一類者，就應當
把該部分獨立出來，另歸相應的一類。學誠在《校讎通義·別裁》提出：

古人著書，有采取成說，襲用故事者（原注：如《弟子職》必非管子
自撰，《月令》必非呂不韋自撰，皆所謂采取成說也。）其所采之書，
別有本旨，或歷時已久，不知所出。又或所著之篇，於全書之內自為
一類者。並得裁其篇章，補苴部次，別出門類，以辨著述源流。

〔註84〕《校讎通義·宗劉》，見頁562。
〔註85〕《校讎通義·宗劉》，頁563。

互著和別裁，都是把書有兩用的，著錄在兩個題目之中。所不同的，互著是把一書錄在兩個類目中；別裁是把一書著錄在主題中，而把書中與他類可以「互通」或「兩用」的部分，裁篇別出，著錄在相應的類目中。至於應當使用那種方法？學誠以爲要看兩類之中以何類爲主作決定，他說：「權於賓主重輕之間，知其無庸互見者，而始有裁篇別出之法耳。」

使用互著別裁之法，不但能發揮校讎目錄之「辨章學術，考鏡源流」「繩貫珠聯」「即類求學」的功用，使原有的圖書分類法得此二法的輔助，更加完善，而且也使我國圖書分類系統，尤其是專科目錄與參考目錄，在與學術思想史結合的方法上更大爲提高。這是他在目錄學史上的又一貢獻。

由以上兩項可以看出章學誠的校讎目錄學理論的方法，是在批判繼承劉向劉歆及鄭樵的相關理論的基礎上，加之其個人豐富的編纂地方志、撰述《文史通義》《校讎通義》經驗及受當時盛行的「溺於器而不知道」的考據說、「離器言道」的理學學風刺激影響下，提出的一套系統理論。學誠此套新的校讎目錄學思想體系，使目錄學的性質丕變，開始走向研究和編製專科目錄、參考目錄的方向，因而代表了中國近代以前目錄學的最高成就。

（五）方志學

方志起源甚古，體例至南宋時始燦然大備，但能將方志的源流、意義、特點、功用、學術價值及編撰方法，寫成完整體系論說者，恐以章學誠爲第一人〔註 86〕。梁啓超曾指出：「（章氏）一生工作全費於手撰各志，隨處表現其創造精神」〔註 87〕，故能於方志理論卓有貢獻。纂修方志，因而可謂是章學誠一生最重要的學術活動之一。早在乾隆二八年（1763），他回答國子監同窗甄松年的兩封信，即〈答甄秀才論修志第一書〉與〈第二書〉時，即有所見識。在〈第一書〉中，他說：「州郡立志，仿自前明，當時草創之初，雖義例不甚整齊，文辭尚貴眞實，剪裁多自己出，非若近日之習

〔註86〕 參洪煥春，〈南宋方志學家的主要成就和方志學的形成〉，《史學史研究》1986：4，頁 14。並參傅振倫，〈章學誠的方志學〉，《中國史志論叢》（浙江：人民出版社，1986），頁 95。室賀信夫，〈章學誠とその方志學〉，《地理論叢》（東京，古今書院發行，京都帝大文學部編），頁 264～274。

〔註87〕 梁啓超，《中國近三百年學術史》（台北：華正書局，1974），頁 339。井邊一家，〈章學誠の方志學〉，《史淵》第五輯，九大史學會，昭和七年，頁 27～48，論甚周詳。

套相沿……。」〔註88〕可知他研讀過明代與當代的多種方志。清朝在康雍之後即提供方志，雍正七年因修《大清一統志》，需要省志資料，下令各省修輯志書，不久又頒各省府州縣志六十年一修的命令，因而雍乾年間，各地修志之風盛行，章學誠因而讀了許多方志，是可確定的，故在〈第二書〉當中可以看到論方志的詞句，如「今之志書，從無錄及不善」「志之為體，當詳於史。而今之志乘所載，百不及一」及「非若今之州縣志書，多分題目，浩無統攝也」〔註89〕，設非讀過方志，當無上語。

乾隆二九年（1764）學誠曾參與《天門縣志》的編撰，從現存三篇序言來看，其識僅平平而已。隔年，投師於朱筠門下，在朱家得見大量各省通志〔註90〕，並替其師編修《順天府志》，還寫過《國子監志》，都是十分有益的鍛鍊。但真正有意義的修志工作，則是從乾隆三八年（1773）編修《和州志》開始。是書體例有紀、表、圖、書、政略、傳等，凡四二篇，不僅體例比較完備，且有自己獨特創見，如志中有表，是他修志之中執簡收繁的重要憑藉。又設有圖，與紀、傳並列，非為書志之附圖，是其「創特」（學誠語）之一。又如傳，除人物傳記之外，另有〈闕訪列傳〉〈前志列傳〉皆是其特殊之處。此外，學誠又采州中著述，有裨文獻及文辭典雅者，輯為《和州文徵》八卷，計奏議二卷、徵述二卷、論著一卷、詩賦二卷，與志書相輔成。總之，《和州志》的編修，學誠已賦之方志體例有新舊的不同作法，從而提昇為史學理論的模式。修志期間，與戴震就志的體例問題發生辯難，卻因而奠定了其方志學理論的初基。戴震主張「夫志以考地理，但悉心於地理沿革，則志事已竟」之說，《四庫全書總目》也將方志列於史部地理類，學誠以其實際修志之經驗，反對方志為地理之書，主張應歸為史體，強調「方志為古國史，本非地理專門」〔註91〕，又說：「夫家有譜，州縣有志，國有史，其義一也」〔註92〕，都是說明方志是地方史非地理書。

乾隆四四年（1779）他編成《永清縣志》，前後費時約一年半，去《和州

〔註88〕 《文史通義・方志略例・答甄秀才論修志第一書》，頁478。
〔註89〕 《文史通義・方志略例・答甄秀才論修志第一書》，〈第一書〉與〈第二書〉，頁480～484。
〔註90〕 《校讎通義・讀道古堂文集》，頁636，云：「予在京師，見朱竹君先生家藏各省通志，其體例以《浙江通志》為最。」
〔註91〕 《文史通道・方志略例・記與戴東原論修志》，頁498。
〔註92〕 《文史通義・方志略例》，頁506。

六》已六年。其書分六體。紀二：皇言、恩澤；表三：職官、選舉、士族；圖三：輿圖、建置、水道；書六：吏戶禮兵制工；政略一；列傳十：鄉賢第一至第六，義門第七，列女第八，闕訪第九，前志第十，凡廿五篇，不分卷。是志爲學誠所修方志之中保存最完整的一部，與上志相比，體例上最大變化在書志有六，究其原因，喬治忠以爲學誠修過《利州志》已有「若論史法，則書志大原必追官禮」的見解，另者是閱讀了縣內的全部檔案，並問詢於縣吏，故以爲：「州縣修志，古者侯封一國之書也。吏戶兵刑之事，具體而微焉。今無其官而有其吏，是亦職守之所在，掌故莫備於是，治法莫備於是矣。」又：「案牘簿籍無文章，而一縣之文章則必考端在此。」〔註93〕

於是，他試圖「以一代人官爲統紀」〔註94〕改造書志舊體，而按六部官署名稱分類編修掌故。如此，則《永清縣志》保有大量地方史料，內容具體而豐富，但不免也失之冗雜混亂，學誠後來也自我承認：「《永清全志》，頗恨蕪雜」〔註95〕。

氏撰〈禮書〉時，因兼載制度與俗禮土風，即在史料與著述之間遇到不能平衡，難以取捨的困窘，以政禮書最爲蕪雜，由此，學誠漸能認識到「著述之體與類次之法分部而行，固亦相資爲用者也」，二者「離則雙美，合則兩傷」。對其以後的史學（方法）理論或方志學理論都有助益。《永清志》既成，學誠別擇有關永清縣事而不能收入上志者，以類相從，別有《文徵》五卷，自爲一書，附志而行。

乾隆五五年（1790），氏又修成《亳州志》，書雖不存，但從《章氏遺書》可以窺其崖略。〈又與永清論文〉曰：

> 近日撰《亳州志》，頗有新得。視《和州》《永清》之志，一半爲土苴矣。……而地廣道遠，僕又逼於楚行，四鄉名蹟，未盡游涉，而孀婦之現存者，不能與之面詢委曲，差覺不如《永清》。然文獻足徵，又較《永清》爲遠勝矣。此志擬之於史，當於陳范抗行，義例之精，則又《文史通義》中之最上乘也。世人忽近貴遠，自不察耳。後世是非，終有定評，如有良史才出，讀《亳志》而心知其意，不

〔註93〕《文史通義·方志略例》，〈永清縣志六書例議·吏書〉，頁440。

〔註94〕同上註。

〔註95〕《文史通義·又與永清論文》，頁344。另可參喬治忠，〈章學誠方志學理論的形成和發展〉，《史學史研究》1986：3，頁32。

特方志奉爲開山之祖，即史家得其一二精義，亦當尊爲不祧之宗。

此中自信頗眞，言大實非誇也！〔註96〕

〈又與史餘村〉也說：「近撰《亳州志》，更有進境」〔註97〕，可見他甚爲滿意《亳志》之作。爲何滿意？進境有何？究之即明。大致他在此志上采取「整齊掌故，別爲專書」〔註98〕之法，提出「爲史學計其長策，紀表志傳，率由舊章，再推周典遺意，就其官司簿籍，刪取名物器數，略有條貫，以存一時掌故」〔註99〕，另一特色即在志中創設人物表。章學誠說：「方志之表人物，何所仿乎？曰：將以救方志之弊也」〔註100〕，學誠在修志的過程中，曾遇到列傳有兩個問題較難處理，一是正史和國史中已有傳的人物，另一是地方上有勢力的鄉紳，前者學誠感到「摘撮則嫌如類纂，全篇有似於傳鈔，書欲成家，良難定位」，後者則既無善跡可稱，又不能完全不錄。最後，學誠想出用人物表的方式，僅列上述人物的姓名，原史書列傳的全文收入〈文徵〉，對一些鄉紳「表有特著之名，則義無屈抑」〔註101〕，達到「密而不猥，疏而不漏」〔註102〕的效果。學誠以爲人物列表有三善〔註103〕，掌故爲書，自詡爲百世不易之規，故頗引爲自得之作。由前文一路看來，《和州志》初創文徵之例，《永清志》則詳於六書，而掌故均無專書。自《亳州志》首創掌故一門，而志體大備。〈闕訪列傳〉與〈前志列傳〉都起於《和州志》，但得人物表之後而法更簡要，故學誠在《亳州志》以掌故列爲專篇及人物爲表，都是他對方志學重大貢獻〔註104〕。其後主張方志宜立三書，即本於此。

兩年後（1792），學誠寫就〈方志立三書議〉一文〔註105〕，其內容即是對歷次修志，特別是《亳州志》之後心得的總括，可謂是其方志學理論的代表作。其旨要是：「凡欲經紀一方之文獻，必立三家之學，而始可以通古人之遺意也。倣紀傳正史之體而作「志」；倣律令典例之體而作「掌故」；倣文選

〔註96〕《文史通義·又與永清論文》，頁344。
〔註97〕《文史通義·又與史餘村》，頁323。
〔註98〕《文史通義·亳州志掌故例議下》，頁475。
〔註99〕《文史通義·亳州志掌故例議中》，頁473。
〔註100〕《文史通義·亳州志人物表例議下》，頁470。
〔註101〕《文史通義·亳州志人物表例議下》，頁471。
〔註102〕《文史通義·亳州志人物表例議下》，頁471。
〔註103〕《文史通義·亳州志人物表例議下》，頁471。
〔註104〕傅振倫，〈章學誠的方志學〉，頁103。
〔註105〕胡適，《章實齋先生年譜》，頁103。

文苑之體而作「文徵」。三書相輔而成，闕一不可；合而爲一，尤不可也。」
〔註106〕此處所謂三書，是指志、掌故與文徵。三者之中，「志」是方志的主體，
是體現作者的別識心裁，作爲成一家之言的著述；「掌故」相當於典志，彙編
當地的典章制度、檔案簿籍；「文徵」相當於文選，分類彙輯當地詩文、文獻。
後兩者與「志」相輔而行，目的在於證史，學誠以爲如此可以繼承和發揚古
代史學的傳統，可以「互相資證，無空言」。至此，學誠比起早期修《和州志》
與戴震辯駁方志爲史體抑或地理時，已更能圓其說矣，亦即是此時學誠之方
志學理論大致已告底定。

　　同年，亦即乾隆五七年，學誠應畢沅之聘，開始纂修《湖北通志》。此次
規模更大，因湖北一省地域遼闊，自非以前只修州縣之志可比。至甲寅（1794
年 2 月左右脫稿。全書分四部分：通志 74 篇、掌故 66 篇、文徵 8 集、叢談 4
卷。是志之編修，使學誠又有兩項創見，一是「叢談」，這是他主張於三書之
外，對於「附稗野說部之流，以備徵材之所餘」而作「叢談」，但不以叢談合
稱四書，因爲「三書皆經要，而叢談非必不可闕之書也」〔註107〕，故學誠以
爲將它附於志後，於例無傷，但如此一來，資料累積自多，內容難免蕪雜。
二是他提出「傳有記人記事之別」，故在《湖北通志》之中開始編撰記事性的
列傳〔註108〕。這是因爲《湖北通志》常記載的人物極多，若逐人記載，必然
文繁事晦，頭緒不清，故學誠改以共同歷史事件相關聯者，適合以事名篇，
寫成合傳，如〈嘉定蘄難傳〉〈明季寇難傳〉等則是，這是學誠根據方志內容
之需要而創用的。梁啓超即曾贊揚鄂志此種以事爲中心的合傳，以爲「此種
體裁可以應用到一時代的歷史上去，亦可應用到全國歷史上去」〔註109〕，由
此可見，章學誠的修志創見，雖只是「史之一隅」，但可「推微而知著，會偏
而得全」〔註110〕，由修志的過程中發展了史學方法論。

　　修鄂志的同時，學誠還預修了《麻城縣志》《常德府志》《荊州志》，可見
此次修志規模確實很大，連通志、府志、州縣志都有，只差未曾豫修國史而

〔註106〕《文史通義·方志立三書議》，頁 388。並參高橋武雄，〈中國に於ける普遍
　　　　史論の一展開 ── 鄭樵より章學誠へ ── 〉，《史學研究》第十一集（1952），
　　　　頁 71～75。
〔註107〕《文史通義·方志立三書議》，頁 394。
〔註108〕《文史通義·方志略例·湖北通志凡例》，頁 520～526。
〔註109〕梁啓超，《中國歷史研究法補篇》，頁 58。
〔註110〕《文史通義·通說爲邱君題南樂官舍》，頁 295。

已。然學誠對於這幾種方志的體裁,也分辨得十分清楚。他論省通志說:

> 如修統部通志,必集所部府州而成。然統部自有統部志例,非但集
> 諸府州志可稱通志,亦非分拆統部通志之文,即可散為府州志也。

又說:

> 所貴乎通志者,為能合府州縣志所不能合,則全書義例,自當詳府
> 州縣志所不能詳。既已詳人之所不詳,勢必略人之所不略。

論府志說:

> 諸府之志,又有府志一定義例。既非可以上分通志而成,亦不可下
> 合州縣屬志而成。自應於州縣而外,別審詳略之宜。

論直隸州志說:

> 直隸之州,其體視府為其轄諸縣也,其志不得視府志例。如以府志
> 之例載屬縣事,而以縣志之法載本州事,則詳略不倫,如皆用府志
> 之例,則於州太疏,如皆用縣志之例,則於屬縣重複。〔註111〕

至於國史,章學誠雖無緣入館豫修,但他認為方志與國史需「嚴名分」,如應
載於國史之帝王后妃,方志當然不可與載,否則即是「名分混淆」〔註112〕,
他力戒方志「僭妄」,故方志不得與國史雷同,但又需與國史互通聲氣,因而
只得「變易名色」,改方志之體為外紀、年譜、考、傳,以別於紀傳體國史之
紀、表、志、傳。當然,學誠晚年編修的《湖北通志》體例更繁,需再加上
圖、表、略諸項。而最後在〈跋湖北通志檢存稿〉說:「余修方志,力辟纂類
家之蕪沓,使人知方志為國史之羽翼」〔註113〕。

　　以上本文採時間縱序方式由學誠早期編撰《和州志》一直敘至晚年編寫
《湖北通志》為止,亦即從學誠二十七歲述至五十七歲止,學誠整整三十年
以上撰述方志的全部歷程,並將其所撰各志的獨到處指出以明其方心志理論
體系的建構過程,從《和州志》的初奠基礎,至《永清縣志》引發其深入探
討的契機,至十年後之《亳州志》帶來方志理論的成熟,而《湖北通志》則
使之更加完善的整個過程,可以明白其方志理論的形成、發展、成熟及其各
個階段的特色。

〔註111〕以上所引諸條,皆見《文史通義・方志辨體》,頁379～381。

〔註112〕《文史通義・書武功志後》,頁540。

〔註113〕方志可為國史取裁的說法,又見於《文史通義・為張吉甫司馬撰大名縣志序》
　　　　及〈方志立三書議〉兩文,分別見於頁503～5及388～393。

　　學誠在三十年修志的生涯裡，對修志應如何修？及如何保存方志資料？他都提出獨到的看法。在〈修志十議〉裡，他總結其研究與編纂方志的心得說：

> 修志有二便：地近則易核，時近則迹眞。有三長：識足以斷凡例，明足以決去取，公足以絕請託。有五難：清晰天度難，考衷古界難，調劑眾議難，廣徵藏書難，預杜是非難。有八忌：忌條理混雜，忌詳略失體，忌偏尚文辭，忌妝點名勝，忌擅翻舊案，忌浮記功績，忌泥古不變，忌貪載傳奇。有四體：皇恩慶典宜作紀，官師科甲宜作譜，典籍法制宜作考，名宦人物宜作傳。有四要：要簡，要嚴，要核，要雅。〔註114〕

他主張修志過程中，應當盡力做到「乘二便，盡二長，去五難，除八忌，而立四體以歸四要」，這是方志學的方法論，與史學方法論實有相通之處。

　　再者，爲了解決修志過程中所遇到的資料來源困難問題，他建議在各州縣設立「志科」，專掌搜集鄉邦文獻，在〈州縣請立志科議〉中他指出：

> 今天下大計，既始於州縣，則史事責成亦當始於州縣之志。州縣有荒陋無稽之志，而無荒陋無稽之令史案牘。志有因人臧否，因人工拙之義例文辭；案牘無因人臧否，因人工拙之義例文辭。蓋以登載有一定之法，典守有一定之人，所謂師三代之遺意也。故州縣之志，不可取辦於一時；平日當於諸典吏中，特立志科。僉典吏之稍明於文法者，以充其選，而且立爲成法，俾如法以紀載，略如案牘之有公式焉，則無妄作聰明之弊矣。積數十年之久，則訪能文學而通史裁者，筆削以爲成書，所謂待其人而後行也。如是又積而又修之，於事不勞，而功效已爲文史之儒所不能及。〔註115〕

他又在〈答甄秀才論修志第一書〉中說：「欲使志無遺漏，平日當立一志乘科房，僉掾史之稍通文墨者爲之。凡政教典故，堂行事實，六曹案牘，一切皆令關會日錄眞跡，彙冊存庫，異日開局纂修，取裁甚富。雖不當比擬列國史官，亦庶得州閭史胥之遺意。」〔註116〕倡議搜集資料專責機構的制度化，可惜並未爲清政府所接納，而且當時是「挾私誣罔，賄賂行文」橫溢的風氣盛，

〔註114〕《文史通義‧修志十議》，頁487。
〔註115〕《文史通義‧州縣請立志科議》，頁396。
〔註116〕《文史通義‧答甄秀才論修志第一書》，頁478～479。

使他的理想也實在難以辦到。不過，倒也顯示出他對於方志的用心良苦。

（六）小　結

　　總前所述，章學誠在史料文獻學理論的貢獻，主要在其主張「六經皆史」說，後並擴及「凡涉著作之林皆是史學」，推拓至廣，爲曠古以來之史家所未有。既如此，則以史識辨擇史料，無疑至要。除此外，搜集史材，應由州縣學校專門負責；藏書之所，應在尼山泗水之間，皆是學誠獨特創見。

　　「歷史編纂學」中，學誠的貢獻則在分別史學有兩大宗門「撰述／圓神／知來」及「記注／方智／藏往」，可說其非常特識。他心目中優選的撰述之業是通史體與紀事本末體，但他擬另創新史體重修《宋史》，內容包括：本紀、紀事本末、圖表。此體乃試圖綜合眾體之長、編出圖文並茂、綱舉目張的史著。可惜此書終未有成。

　　「校讎目錄學」述章學誠沿用鄭樵以「校讎」涵蓋「目錄」，對鄭樵〈校讎略〉加以發展，建立新理論體系，指出校錄之學終在「辨章學術，考鏡源流」，並以之衡量目錄之編製方式與形式是否符合圖書發展之規則，與作爲評價其得失之準繩。學誠並認爲校錄之學能發揮前義，始能明道，爲此，他進一步提出「互著別裁」法，使校錄學性質丕變，開始走向研究和編製專科目錄參考目錄的方向，這點正可彌補鄭樵的不足，也代表中國近代以前目錄學的最高成就。

　　「方志學」則是章氏史學理論的縮版，具體而微，可補罅其史論之閒隙。其建樹在提倡「志爲史體」，並於體例有所創新，分紀、圖、表、考、略、傳諸體，以爲國史之要刪，又能不囿於紀傳正史之體裁，另立方志「必主三家之學，分立三家之說（志、掌故、文徵）」，除三書外，又另立「叢談」以概「附稗野說部之流，以備徵材之所餘」。復次，更提出各州縣應設立志科以保存地方史料，對撰修方志甚爲有益。文中採歷史敘述法，由早期爲其父撰〈六名縣志序〉略具方志芻見，經由《和州志》《永清縣志》《亳州志》《湖北通志》先後陸續實際撰述，形成其愈趨成熟也愈完整的方志理論體系，獲得革命性的成就，終究成爲其獨步古今之絕學。

八、章學誠史學的缺失[*]

摘　要

　　章學誠是前清早期重要史家之一，其學說主要在《文史通義》《校讎通義》及《方志略例》，對史學與方志學的理論有卓越的貢獻，在史學史上具重要意義。本文不在析述其史學內涵，而旨在探求其缺失。文分三方面在人格品質上述其不免有狂妄自大與標新立異之失；思想體系上頗受經古文派影響，常過於崇古而不能有破；歷史編纂上則缺乏考校能力而空說史法，故有流弊之出。期由本文所糾之病，使後學讀其書時能迴避其失而有正確之認識。

---

* 　本文原刊於《中國書目季刊》28：3（台北，1994.12），頁 23～34。

（一）前　言

　　以史學史的觀點審視中國史學，自是源遠流長，包羅萬有，且歷代都各有其專擅的特色，凸顯而出。以清代而論，其史學在名物訓詁、地理沿革與輯佚考證方面，即較其他朝代更爲突出與精確，其旁徵曲喻、比事引義與博輯深析，皆非他代所能望及。然而，其別開生面之處雖稱細致深透，而波瀾壯闊又顯然沒有宋代史學或漢代馬遷班固《史》《漢》之規模，亦可爲確論。是知歷代史學，多各有其特出之處。而清代史學之特顯處，除前述外，實際亦與早清出有章學誠一氏略有若干關係。

　　梁啓超曾云：「自有史學以來二千年間，得三人焉，在唐則劉知幾，其學說在《史通》；在宋則鄭樵，其學說在《通志·總序》及〈藝文略校讐略圖譜略〉；在清則章學誠，其學說在《文史通義》。」〔註1〕直許學誠爲五百年難遇之史才，而光芒掩逾同代諸氏。梁任公所評劉、鄭、章三氏在中國史學史之地位，已普獲認同，不必異述。劉知幾的《史通》對唐代以前的所有史書作了一次批判和總結，鄭樵與章學誠又分別繼續其總結工作，提高了中國史學的質量甚多，三氏的貢獻在此。而三人之中，一般都以劉章並論〔註2〕，或因章氏晚出劉氏約千餘年，故一般論者皆謂章氏史學體系較劉氏推廣甚多，已不局限於史學方法一層而已〔註3〕。

　　關於章學誠的史學，研究者素來即多，有成者亦夥，有就章氏史學作通盤性論述者〔註4〕，也有就其生平事蹟論述或寫成年譜者〔註5〕；或專就章氏

〔註1〕梁啓超，《中國歷史研究法附補篇》（臺北：臺灣中華書局，1973，臺三版）頁24。

〔註2〕可見論著甚多，如金靜庵，《史國史學史》（臺北：鼎文書局，1974 排印本）第八章「劉知幾與章學誠之史學」，頁 263～301；張其昀，〈劉知幾與章實齋之史學〉，《學衡》第五期，1922；甲凱，〈劉知幾與章學誠〉，《東方雜誌》復刊 8：3；姜勝利，〈劉、章史識論及其相互關係〉，《史學史研究》1983：3；許冠三，《劉知幾的實錄史學》（香港：中文大學出版社，1983）第七章「劉、章史學之異同」等等。

〔註3〕余英時，《歷史與思想》（臺北：聯經出版事業公司，1976），頁 208～209。

〔註4〕傅振倫，〈章實齋之史學〉，《史學年報》1：5，1933; P. Demieville,（戴密微）"Chang Hsueh-Ch'eng and His Historiography" in W.G. Beasley and E.G. Pulleyblank, eds., *Historians of China and Japan*（London：Oxford Univ. Press, 1961）頁.167～185.吳天任，《章實齋的史學》（臺北：台灣商務印書館，1979）等等。

〔註5〕胡適著，姚名達訂補，《章實齋先生年譜》（台北：臺灣商務印書館，1973，

史學特有成就之學說加以論述者〔註6〕，或另與鄭樵、劉知幾作比較史學研究者〔註7〕，或作箋注，幽揚史意，嘉惠後學者等等〔註8〕，可謂不一而足，而成果十分豐碩可觀。然而特撾章氏史學之闕失而爲單篇論文者，似尚未見。以章氏史學素養之深堅，後學闡論詳述之唯恐不及，何遑取其失而論？是可預見。然任何史氏立論，都難登無瑕極境，故筆者研讀原書與諸前輩碩學鴻文之時，曾專就其史學缺失而略有鈔撮考索，於茲彙而成文，就教方家，幸不吝垂教焉。

　　本文因係專論其史學缺失，故於其生平傳略、思想大要皆略而不敘。然而並非僅敘其缺失而有否定章氏史學之成就與其對中國史學的偉大貢獻之含意。其史論之鞭辟入裏，任公等諸前賢已略爲提及，雖生身今日之人，不能逾越之者，所在多是〔註9〕，此點須先說明。以下本文擬分「思想體系」「歷史編纂」「人格品質」三方面因素析論其史學缺失，俾能收簡易明晰之功。

（二）思想體系方面

　　章學誠的史學在近代備受注目的是「六經皆史」說。此說對清代經學家的打擊甚大。章氏言曰：

六經皆史也。古人不著書，古人未嘗離事而言理，六經皆先王之政
典也。或曰：《詩》《書》《禮》《樂》《春秋》，則既聞命矣；《易》
以道陰陽，願聞所以爲政典而與史同科之義焉？曰：聞諸夫子之言
矣。夫《易》開物成務，冒天下之道，知來藏往，吉凶與民同患，

臺二版）；吳孝琳，〈章實齋年譜補正〉，《說文月刊》，卷三；D.S. Nivinson, The Life and Thought of Chang Hsueh-Ch'eng（Stanford Univ. Press, 1966）等。

〔註6〕Chu Shih-chia（朱士嘉），*Chang Hsueh-Ch'eng, His Contributions to Chinese Historiography.* Ph. D dissertation, Columbia Univ, 1950（unpublished）周啓榮、劉廣京，〈學術經世：章學誠之文史論與經世思想〉，《近世中國經世思想研討會論文集》（臺北：中央研究院近史所，1985），頁117～156；繆全吉，〈章學誠議立志（乘）科的經世思想探索〉，同上引書。

〔註7〕吳天任，〈劉知幾與鄭樵史學之探討〉，《東方雜誌》復刊 22：9，（台北，1989.3）。蘇淵雷，〈劉知幾、鄭樵、章學誠的史學成就及其異同（上、下）〉，《上海師範大學學報》1979：4 及 1980：2。

〔註8〕葉瑛校注，《文史通義校注》上、下（北京：中華書局，1983），葉注頗見功力，筆者受益匪淺；另張舜徽，《史學三書平議》（北京：中華書局，1983）亦有箋注之效，亦甚善。

〔註9〕參劉節，《中國史學史稿》（河南：中州書畫社，1982），頁381。

其道蓋含政教典章之所不及矣。象天法地，是興神物，以前民用，

其教蓋出政教典章之先矣。〔註10〕

又說：

六經，特聖人取此六種之史以垂訓者耳。子集諸家，其源皆出於史。

〔註11〕

學誠反覆說明六經為先王政典，孔子對六經只能述而不作「以垂訓者」，即是
先王政典所代表的王制有其神聖性，任何人都不可以隨加輕議。他在《文史
通義·經解中》中曾說：

制度之經，時王之法，一道同風，不必皆以經名，而禮時為大，既
為當代臣民，固當率由而不越；即服膺六藝，亦出遵王制之一端也。

〔註12〕

即論經之當尊，與時王之法不可不遵相同。設此，則不「服膺六經」，便是離
經，不守「時王之法」，即是叛道。此點對理解學誠頗為重要，學誠一向相信
《周官》，尊崇周公，美化古代，他甚至以為天下之書皆官禮〔註13〕。這種說
法，劉節認為他與古老經生的見解一致，都認為中國的理想社會是三代，對
三代充滿美化的憧憬〔註14〕，這點與他在史學上有許多創發建樹顯然不能相
稱，而多少影響其史論的精闢與高瞻。柴德賡亦認為如此，並且更進一步以
為清朝至雍正以後，便利用程朱理學殺人，即是這種思想的作祟〔註15〕。

除此之外，學誠還在〈經解上〉說：

古之所謂經，乃三代盛時典章法度見於政教行事之實，而非聖人有
意作為文字以傳世也。〔註16〕

基於此，他舉例出：

韓宣子之聘魯也，觀書於太史氏，得見《易象》《春秋》，以為周禮
在魯。夫《春秋》乃周公之舊典，謂周禮之在魯可也。《易象》則稱

〔註10〕 章學誠，《文史通義·易教上》（臺北：華世出版社，1980），頁1。
〔註11〕 《文史通義·報孫淵如書》（外篇三），頁342。
〔註12〕 《文史通義·經解中》（內篇一），頁31。
〔註13〕 《文史通義·禮教》（內篇一），頁26。
〔註14〕 劉節，《中國史學史稿》，頁386。
〔註15〕 柴德賡，〈試論章學誠的學術思想〉，收在《史學叢考》（北京：中華書局，
1982），頁306。
〔註16〕 《文史通義·經解上》（內篇一），頁29。

周禮，其爲政教典章，切於民用而非一己空言，自垂昭代而非相沿

舊制，則又明矣！〔註17〕

其實，依目前所知來說，六經中的史料是否都是三代的典章制度，實際尚不可盡知，後人附益者究竟佔有多少？實有探悉的必要。學誠不僅以爲六經皆史，甚至還認爲「盈天地間，凡涉著作之林，皆是史學」〔註18〕。此處不能依現代史學的定義去理解其所謂的「史」或「史學」〔註19〕，祇能解爲史料而已。就其所主張的「先王政典」或「檔案記錄」，納於史料範圍，則應無多大問題。

以上可知學誠多以儒家思想爲核心爲基礎，對六經乃至儒家所有經典皆深信不疑，因而導致其抒發史論時，常有犯錯或偏頗的現象。再舉例而言，〈易教下〉有云：

蓋聖人於天人之際，以謂甚可畏也！《易》以天道而切人事，《春秋》

以人事而協天道，其義例之見於文辭，聖人有戒心焉。〔註20〕

文中以「天道切人事」「人事協天道」的《易》與《春秋》作爲史家的極則。學誠的觀念中，似乎把這兩部書推崇太過了。與前面所說的古老經生的見解，並無二致〔註21〕。推崇《易》與《春秋》，司馬遷、劉知幾都不能免，但未若章學誠來得過譽。以此點來論，劉知幾對《春秋》《論語》等典籍，尚能一本實錄求眞的精神，提出「十二未諭」「五虛美」來抨擊一番，而章學誠即無此眼力。可見學誠思想體系中崇古所佔的比例略重，劉知幾則較能有所「破」，較能衝出古史框框的網羅。就此點而言，知幾比學誠的能力略勝。

再者，即是「史德說」，也是章氏史學特有的建樹之一，其重要言論見於《文史通義·史德》，曰：

才、學、識三者，得一不易，而兼三尤難，千古多文人而少良史，職是故也。昔者劉氏子玄，蓋以是說謂足盡其理矣。雖然，史所貴者義也，而所具者事也，所憑者文也。孟子曰：「其事則齊桓、晉文，其文則史，義則夫子自謂竊取之矣。」非識無以斷其義，非才無以

〔註17〕《文史通義·易教上》（內篇一），頁2。

〔註18〕《文史通義·報孫淵如書》，頁342。

〔註19〕許冠三，《劉知幾的實錄史學》（香港：中文大學出版社，1983）第七章，頁178。

〔註20〕《文史通義·易教下》（內篇一），頁7。

〔註21〕劉節，《中國史學史稿》，頁388。

善其文，非學無以練其事，三者固各有所近也，其中因有似之而非
者。記誦以爲學也，辭采以爲才也，擊斷以爲識也，非良史之才、
學、識也。雖劉氏之所謂才、學、識，猶未足以盡其理也。夫劉氏
以謂有學無識，如愚賈操金，不解貿化。推此說以證劉氏之指，不
過欲於記誦之間，知所決擇，以成文理耳。故曰：古文史取成家，
退處士而進奸雄，排死節而飾主闕，亦曰一家之道然也。此猶文士
之識，非史識也。能具史識者，必知史德。德者何？謂著書者之心
術也。夫穢史者所以自穢，謗書者所以自謗，素行爲人所羞，文辭
何足取重。魏收之矯誣，沈約之陰惡，讀其書者，先不信其人，其
患未至於甚也。所患夫心術者，謂其有君子之心，而所養未底於粹
也。夫有君子之心，而所養未粹，大賢以下，所不能免也。此而猶
患於心術，自非夫子之《春秋》不足當也。以此責人，不亦難乎？
是亦不然也。蓋欲爲良史者，當愼辨於天人之際，盡其天而不益以
人也。盡其天而不益以人，雖未能至，苟允知之，亦足以稱著述者
之心術矣。而文史之儒，競言才、學、識，而不知辨心術以議史德，
烏乎可哉？〔註22〕

在這一大段文字中，可分爲下列幾點加以說明：

1、知幾的三長論（史才、史學、史識），學誠認同之，並以爲要具備其
中的二長或一長，已十分不容易，特別是「兼三尤難」。衡諸古來史家，這是
實情，知幾不肯以此三長輕許前人，學誠亦吝於以此褒人，可知古來良史甚
少。

2、學誠在〈史德〉篇裏把「愚賈操金，不解貿化」當作是知幾對「有學
無識」的比喻，其實核對一下劉知幾回答鄭惟忠的原文〔註23〕，即可發現該
句是知幾對「有學無才」的比喻，學誠誤將「才」當作「識」，因而錯誤地推
斷出知幾所謂的「識」是「欲於記誦之間知所抉擇，以成文理」，其實這並非

〔註22〕葉瑛校注，《文史通義校注》（北京：中華書局，1983），頁219～220。
〔註23〕原文是：「史才須有三長，世無其人，故史才少也。三長：謂才也，學也，識
也。夫有學而無才，亦猶有良田百頃，黃金滿籯，而使愚者營生，終不能致
於貨殖者矣。如有才而無學，亦猶思兼匠石，巧若公輸，而家無梗柄斧斤，
終不果成其宮室者矣。猶須好是正直善惡必書，使驕主賊臣，所以知懼，此
則爲虎傅翼，善無可加，所向無敵者矣。脫苟非其才，不可叨居史任，自矜
古已來，能應斯目者，罕見其人。時人以爲知言。」引見《舊唐書・劉子玄
本傳》（臺北：鼎文書局，1979），頁3172。

知幾所指史識的涵意。學誠爲了說明其史識論與知幾有所區別,而大加強調史識當以史德爲重要內容,這點卻正與知幾所論的宗旨互相符合。姜勝利〈劉、章「史識」論及其相互關係〉一文,已很正確地指出學誠意在糾正和補充劉氏史識論,實際上正是對知幾史識論的繼承與發展〔註24〕。本文的要點,即在指出學誠的這項錯誤的理解,但對於其因而導出的史德說,則無甚意見。

　　3、學誠解釋三長的意義,與知幾並不完全相同,但關係極深。他以爲才學識三長的眞義,並非辭采、記誦、擊斷之謂,而是發揮史學三大要素「事」「文」「義」的修養。學誠把知幾的三長論和孔子的作史之道「事」「文」「義」結合成一體,並展衍其說曰:「義理存乎識,辭章存乎才,徵實存乎學」〔註25〕,其中以「義」最爲重要,所謂「譬之人身,事者其骨,文者其膚,義者其精神也,斷之以義而書始成」〔註26〕,但學誠仍強調三者必須相輔相成,廢一不可。最後他提及「當愼辨於天人之際,盡其天而不益以人也」始能成爲良史。針對此點,知幾的史德說相較之下即單純許多。學誠展衍深化之後的史德說則相當完整且宏大甚多。

　　復者,學誠也非常強調「史意說」。他在〈史德〉篇曾說:「史所貴者義也」,在〈言公〉篇又云:「作史貴知其意」,都可知之。學誠並以史意做爲自己撰述《文史通義》的最大緣由。有云:

　　　鄭樵有史識,而未有史學;曾鞏具史學,而不具史法;劉知幾得史法,而不得史意,此余《文史通義》所爲作也。〔註27〕

又:

　　　劉言史法,吾言史意;劉議館局纂修,吾議一家著述,截然兩途,不相入也。〔註28〕

學誠視鄭樵有「史識」,知幾有「史法」,爲兩人所以成獨步古今之學,然仍有未盡之處,故特著《文史通義》以「史意(義)」葺補之。是言頗有自高於劉知幾、曾鞏與鄭樵之處,似亦略嫌病之狂妄。就劉知幾而論,他並非只有史法,不知史意;亦非僅議官局纂修,而不議一家著述。知幾所言之史法史

〔註24〕姜勝利,〈劉、章「史識」論及其相互關係〉,《史學史研究》1983:3,頁59。
〔註25〕《文史通義・說林》(內篇四),頁122。
〔註26〕《文史通義・方志立三書議》〈方志略例一〉,頁391。
〔註27〕《文史通義・方志略例・和州志志隅自敘》,頁398。
〔註28〕《文史通義・家書二》(外篇三),頁365。

例，何者不與「秉事直書，善惡畢彰，眞僞盡露」的史意爲依歸？史家不盡此責，又何以能達天道之公意？所以史法史意，本爲表裏一體之事。言史法者，必有其史意或史義存焉。苟無其意，法固無歸。相對而言，學誠亦非盡言史意，而不提史法。許冠三辨之甚明，固不待本文贅言〔註29〕。是以知學誠雖自辨其學迥異於知幾，而自謂其「史意」與「史法」有別，實際頗見其非。至於其所謂所論係一家著述，與知幾議館局纂修，實則本係一體。因爲知幾所議是《春秋》以來私家撰史的傳統，因爲官方設局監修而將終絕，與學誠欲承史統撰就其一家之言，本是同一事件，並非「截然兩途，不相入也」，章說非是，殆可明矣〔註30〕。程千帆、傅振倫諸氏亦已論駁其非，不必再贅。

在思想體系方面，尙可看到學誠爲維護儒家思想的正統性，而對時人汪中與袁枚有大加撻伐之言論，如汪中不贊成女子未婚守節和把墨子與孔孟相提並論，即加以惡言，如「喪心」「狂易」等辭相向〔註31〕。胡適以爲學誠對當時負有重名的人頗多偏見，幾近於忌嫉，故對時人之批評有時顯得吹毛求疵，甚至故入人罪〔註32〕。不過學誠對汪中雖有惡罵之言，但於其文辭工夫，則仍略示推崇。對袁枚則更加嚴厲，毫不留情，〈丁巳箚記〉篇有云：

> 近有無恥妄人，以風流自命，蠱惑士女，……而爲邪人播弄，浸成風俗，人心世道大可憂也。〔註33〕

其原因僅在袁枚收受女弟子。學誠於〈婦學篇書後〉更加明白表示：

> 彼不學之徒，無端標爲風趣之目，盡抹邪正貞淫、是非得失，而使人但求風趣；甚至言「采蘭贈芍之詩，有何關係，而夫子錄之」，以證風趣之說。無知士女，頓忘廉檢，從風披靡；是以《六經》爲導欲宣淫之具，則非聖無法矣。〔註34〕

又云：

〔註29〕 許冠三，《劉知幾的實錄史學》，頁163～164。章氏所撰之方志條例，悉皆論及史法。

〔註30〕 說見程千帆，《史通箋記》（北京：中華書局，1979），頁318；傅振倫，《唐劉子玄先生知幾年譜》（台北：臺灣商務印書館，1982），頁15。

〔註31〕 《文史通義·述學駁文》（外篇一），頁210～211。

〔註32〕 胡適著，姚名達訂補，《章實齋先生年譜》，頁118。

〔註33〕 胡適，《章實齋先生年譜》，頁129。係〈丙辰箚記〉之後半。

〔註34〕 《文史通義·婦學篇書後》（內篇五），頁179。並參河田悌一，〈乾嘉の士大夫と考證學——袁枚、孫星衍、戴震そして章學誠——〉，《東洋史研究》42：4，1984，頁80～86。對袁枚分析頗詳。

略《易》《書》《禮》《樂》《春秋》而獨重《毛詩》,《毛詩》之中,又抑雅頌而揚國風;國風之中,又輕國政民俗而專重男女慕悅;於男女慕悅之詩,又斥詩人風刺之解而主男女自述淫情;甚且言采蘭贈芍有何關係,而夫子錄之,以駁詩文須有關係之說,自來小人倡為邪說,不過附會古人疑似以自便其私,未聞光天化日之下敢於進退《六經》,非聖無法,而恣為傾邪淫蕩之說至於如是之極者也。

學誠甚至有詩指袁氏為一傷風敗俗的無恥之徒,云:

太府清風化列城,隨園到處有逢迎。但聞州縣經行處,陰訟無須法律評。江湖輕薄號斯文,前輩風規誤見聞。詩佛詩仙渾標榜,誰富霹靂淨妖氛。誣枉風騷誤後生,猖狂相率賦閒情。春風花樹多鋒蠆,都是隨園蠱變成。詩伯招搖女社聯,爭誇題品勝臚傳。不知秉鑑持衡者,滿腹妝樓艷異編。……詩話推敲半無妄,大人自合慎歡嘆。堂堂相國仰諸城,好惡風裁流品清。何以稱文又稱正,隨園詩話獨無名。〔註35〕

在學誠眼中,袁枚直如「名教罪人」。胡適則以為學誠所攻,今日觀之,正是袁枚的特識;又說學誠所云皆「紹興師爺」口吻,其攻戴震,尚不失為諍友;其攻汪中,已近於好勝忌名;至於袁枚,則全以衛道者自居了〔註36〕。胡適所評,應極中肯,顯見學誠衛孔道護名教之思想極為濃厚,與前述劉節對學誠的批評極為類似。就此點而言,實在不能算是進步。

（三）歷史編纂方面

　　章學誠所謂的史學,可能因為其年齡的關係,而有不同的內涵〔註37〕。本文就其最廣泛的史學意義來說,亦即前引的「盈天地之間,凡涉著作之林,皆是史學」的意義,即泛指一切史書與史料,而非今日吾人作史學研究之「史學」。依此說法,學誠可以把史學推溯到古代極早,即已有相當完備的史家著述及收集史料的制度。他說:

　　三代以上,記注有成法,而撰述無定名。三代以下,撰述有定名,

〔註35〕《章氏遺書‧詩話》（臺北：漢聲出版社,1973）附〈題隨園詩話〉,頁 103下～104上。

〔註36〕胡適,《章實齋先生年譜》,頁 129～131。

〔註37〕許冠三,《劉知幾的實錄史學》,頁 167～168。

> 而記注無成法。夫記注無成法，則取材也難；撰述有定名，則成書
> 也易。成書易，則文勝質矣；取材難，則僞亂眞矣。〔註38〕

所謂的「記注」，就是起居注一類的史料；所謂「撰述」，就是一般的歷史著
作。學誠把古今之載籍，以此兩類加以區分，確定史學兩大宗門，這是他的
非常特識，可以說是他在史學史上的一大貢獻〔註39〕。但是，學誠說三代以
上記注有成法，這一部分是對的，但三代以下記注無成法，則完全不對。依
劉節的研究可以發現，從兩漢以降，注記制度已愈來愈細致，迄於兩宋，達
到最高峯；元明而後，反而退步，但仍比古代具體而且細密〔註40〕。不過，
學誠之說雖有錯誤，但他認爲三代早有一種制度來搜集史料，則是不錯，故
他還說：「《周官》外史當四方之志，又以書使於四方，則書其令」其解釋是：
「然而四方之書必隸外史，書令所出，奉爲典章」〔註41〕。

另外，就史體而言，學誠亦申其看法，言云：

> 夫史爲記事之書，事萬變而不齊，史文屈曲而適如其事，則必因事
> 命篇，不爲常例所拘，而後能起訖自如，無一言之或遺而或溢也。
> 此《尚書》之所以神明變化，不可方物。降而左氏之傳，已不免於
> 以文徇例，理勢不得不然也。〔註42〕

此話或缺乏高見。蓋劉知幾早已提出六家二體之說，標出《左傳》《史記》兩
種體裁爲古史之正宗。所以六朝以前史籍所謂的正史，都以編年紀傳爲史家
的標準〔註43〕。到了章學誠，反而極端推崇《尚書》，而《尚書》嚴格而言只
能算是史料而已，劉知幾早已批判其書「爲例不純」〔註44〕，浦二田也說它
不編年不紀傳，而非史體正宗〔註45〕，焉可與《左傳》《史記》同具史體之規
模？因而可知學誠或有偏差。

再則，他對宋代以後的歷史著作，也有奇特的看法：

> 蓋自劉知幾以還，莫不以謂《書》教中絕，史官不得衍其緒矣。又

〔註38〕《文史通義·書教上》（內篇一），頁7。
〔註39〕吳天任，《章實齋的史學》，頁12。
〔註40〕劉節，《中國史學史稿》，頁388。
〔註41〕《文史通義·方志略例·和州志皇言紀序例》，頁399。
〔註42〕《文史通義·書教下》，頁15。
〔註43〕劉節，《中國史學史稿》，頁93。
〔註44〕劉知幾著浦起龍釋呂思勉評，《史通釋評·六家》（臺北：華世出版社，1981），
　　　　頁2。
〔註45〕《史通釋評·六家》，頁4。

> 自《隋書・經籍志》著錄，以紀傳爲正史，編年爲古史，歷代依之，
> 遂分正附，莫不甲紀傳而乙編年。則馬班之史，以支子而嗣《春秋》，
> 荀悅袁宏且以左氏大宗而降爲旁庶矣，司馬《通鑑》，病紀傳之分而
> 合之以編年；袁樞《紀事本末》，又病《通鑑》之合而分之以事類。
> 按本末之爲體也，因事命篇，不爲常格，非深知古今大體，天下經
> 綸，不能網羅隱括，無遺無濫。文省于紀傳，事豁于編年，決斷去
> 取，體圓用神，斯眞《尚書》之遺也。……但即其成法，沉思冥索，
> 加以神明變化，則古史之原，隱然可見。〔註46〕

學誠推戴袁樞本末體爲最進步的史體，並說該體「文省于紀傳，事豁于編年」
確係卓見。然最後卻說其體圓用神，是《尚書》之遺。劉節以爲不知學誠從
何說起？令人難以明白。此例與前例都說明學誠迷信《尚書》之故，其所以
如此，又可推其病原於崇信古代經典太過之所致。其實，古代史書中有那本
是紀事本末體的？因此，若說袁書隱然可見古史之原，則可能係學誠個人私
願，而非事實。

（四）人格品質方面

學誠的「史德說」，是其史學的重要學說之一，已如述。學誠曾指出「記
誦以爲學也，辭采以爲才也，擊斷以爲識也，非良史之才學識也。雖劉氏之
所謂才、學、識，猶未盡其理也」，學誠以爲未盡其理之故在知幾未提出史德
說，須待史德有後，而其理殆盡。事實知幾在提出三長論時，已把「史德」
融入在「史識」一論中了。知幾討論史「識」的言論有：

> 假有學窮千載，書總五庫，見良直而不覺其善，返牴牾而不知其
> 矣。……而夫子有云：「雖多亦安用爲？」其斯之謂也。〔註47〕

這是知幾以爲徒有一身才、學，而不能辨史事之良直善惡及分析史料之牴牾
失實，雖多無用，也就是有「學」而無「識」，終不能成爲善史。此處值得注
意的是，知幾在說明「識」比「才」「學」重要時，是運用了史家必須具備的
基本道德修養來立論的，所謂「須好正直，善惡必書，使驕主賊臣所以知懼」
的道理即是。知幾的史德觀念可謂都包含於史識之中。比較完整的說法，可
見：

〔註46〕《文史通義・書教下》，頁 14〜15。
〔註47〕《史通釋評・雜說下》，頁 634。

> 史之爲務，厥途有三焉，何則？彰善貶惡，不避強禦，若晉之董狐、
> 齊之南史，此其上也。編次勒成，鬱爲不朽，若魯之丘明，漢之子
> 長，此其次也。高才博學，名重一時，若周之史佚，楚之倚相，此
> 其下也。〔註48〕

古代史家被知幾分爲三個等級，雖上中下三個等級的史家在後世都已難尋，但可以看出知幾使用分等的依據，正是史德、史識、史才與史學。最善者即是「彰善貶惡，不避強禦」的史德，可以證知知幾在史識一論之中，史德所佔重要性最大，居於鰲頭。

由此可以確知前文引述學誠所說的「具史識者，必知史德」的道理，並且亦知史德非學誠首見而發爲獨見之論的。實際可說也是站在知幾建立的基礎上立言的，只是知幾畢竟沒有正式地把史德當作一種主張或學理，發表於《史通》之中。換言之，即知幾並未跟學誠一樣地在《文史通義》中另成〈史德〉專篇闡述他的見解。如此可知「史德」是學誠在知幾所提出的史才三長論的磐石上，加以延伸補充的，使我國史學思想體系更加完備一點，但絕非僅是學誠獨見而已。近來有些學者或以爲史德應是知幾的專見，因而專論《史通》的史德內涵〔註49〕，或以爲史德是學誠的高見，超越前賢，乃前所未有〔註50〕。這兩種情況，都未必符合眞相。前者可能失之太過，忽略歷史時間與歷史人物兩項因素的考慮；後者也可能失之不及，未見史德本是我國史學獨有的優良傳統之一，至少知幾的《史通》已有此芻見。但是最重要的還是學誠在《文史通義·史德》篇上，有更進一步或更屬於其個人的說法，在史學史上締造新猷。然則他始終未曾明白指出其史德一說本有所承繼的，一如前述的「六經皆史說」然，本也是前人就已陸續提出的，可謂有其歷史淵源。指出自己學說的沿承脈流，並不會影響其學說的地位。學誠未如此做，似乎自己已犯了史德不足的弊病。

學誠還時常在晚輩同輩面前誇大說辭，諸如自謂自己於「史學蓋有天授，自信發凡起例，多爲後人開山」〔註51〕；在〈與朱少白書〉中也說：「平日持

〔註48〕《史通釋評·辨職》，頁326。
〔註49〕王明妮，〈史通修史觀述評〉（台北：輔仁大學中文所碩士論文，未刊，1982），第二章。
〔註50〕李宗侗，《中國史學史》（臺北：中華文化出版事業委員會，1955，再版），頁165。
〔註51〕《文史通義·家書二》，頁365。

論，關文史者，不言則已，言出于口，便如天造地設之不可動搖。」類似這種口吻者，仍然很多，可見其自負與狂妄，固然我們可以明白其史學精識，常能發而爲確鑿不易之論，對中國史學貢獻，自有其不可抹滅的價值，但是其精論之出，仍是多所憑藉而後依承累增，最後始能臻於勝境，高曠於古人之上，其不言前賢，只明自己，本有矯狂之弊，再於後輩面前狂言，更露其短，難道學誠史學全無錯誤？實則不然。學誠立論，有些是來自常識方面的錯誤。如〈丙辰箚記〉說明後唐明宗不帝制而歐陽修《五代史》亦爲之作本紀，就是把李嗣源誤作李克用了。〈爲梁少傅撰杜書山時文序〉說杜所爲制舉之文，「自謂得於前輩嘉魚金聲氏」，是把安徽休寧的金聲錯當湖北嘉魚人了。柴德賡皆一一指出之〔註52〕。余嘉錫並有〈書章實齋遺書後〉，更舉出許多錯誤，收在《余嘉錫論學雜著》一書中，尤可一參〔註53〕。茲舉例言之，如內篇卷二〈古文公式〉說明蘇軾的〈表忠觀碑〉全錄趙抃的奏議，但蘇軾抄錄時改篇首加「臣抃言」，篇末用「制曰可」，學誠譏蘇軾不如改用《尚書》裏「岳曰於」「帝曰俞」更爲古雅〔註54〕。余嘉錫笑學誠不知唐宋人上表，無不稱「臣某言」，下迄明清，仍沿用之，而學誠不明其例，反隨意譏刺子瞻，是無理取鬧。余嘉錫以爲《文史通義》深思卓識，固然有過人之處，惜學誠讀書不夠廣博，立言便不能無失。內篇大致引證尚無大錯，然考核猶不免粗疏，持論亦時近偏僻。外篇和文集，更加自負，錯誤更多，則較內篇尤爲遜色。至於其「校讎通義」，錯誤更達六七成，故所論多似是而非，余氏別有駁正。諸如上例，旨可見其疏略不及之處，可以列爲缺失而無任何不當。

（五）結　語

　　以上所敘，可知章學誠史學的闕失來源，多出在其個人人品修養上不免有妄自高大與標新立異之嫌，常自謂與前賢（如劉知幾）不同之處，而實際上又不能自明與前賢立論的區別所在；在思想體系而言，學誠頗受經古文派的影響〔註55〕，常視儒家經典於神聖地位，故其立說，有時反而因此受到拘限而不能有所突破；在歷史編纂方面，則缺乏考校之能力，又未留心史事而

〔註52〕柴德賡，《史學叢考》，頁310～311。
〔註53〕余嘉錫，《余嘉錫論學雜著》（臺北：河洛圖書出版社，1976），頁615～624。
〔註54〕《文史通義・古文公式》，頁66～67。
〔註55〕說引劉節，《中國史學史稿》，頁381及386。

空談史法，故有流弊，這點學誠也有自知之明〔註56〕。

　　儘管如此，有時我們也不能過份苛責章學誠，因為畢竟任何一位史家都很難擺脫時代與社會的影響，而學誠在史學的貢獻確實是很偉大的，梁啓超對他的評價，一點也不錯。本文限於題目與篇幅，無法申論其是，僅能摭其缺失一則以成篇，然決無意以此抑章氏之說，而事實也不可能。本文糾出其病，只期吾人後學研讀其書其說時，能迴避其缺失及因而可以有導正作用而已。至於章氏史學或被批評為過於傾向唯心論〔註57〕，或謂其許多言論，多從其地主階級出發，所以強烈保有儒家的傳統思想及封建色彩〔註58〕，就是評者犯了忽略時代性，以今榷古的弊病，就學術論學術，本文以為未得公允，故不贊成這種說法。

〔註56〕《文史通義》〈家書二〉及〈家書三〉，頁365～367。另〈申鄭〉篇亦述云：「學者少見多怪，不究其發凡起例，絕識曠論，所以斟酌群言，為史學要刪，而徒摘其援據之疏略，裁剪之未定者紛紛攻擊，勢若不共戴天」。
〔註57〕如劉節，《中國史學史稿》，頁387。唯劉論平允。施丁，〈章學誠的史學思想〉，《史學史研究》1981：3，頁75。
〔註58〕陳光崇，《中國史學史論叢》（瀋陽：遼寧人民出版社，1985），頁315。

九、張鳳蘭《章學誠的史學理論與方法》評介[*]

　　章學誠（生於清乾隆三年，卒於嘉慶六年，1738～1801，享年六十四）是學界公認的中國傳統史學理論大家，其史論鉤深致遠，歷久彌新，是中國歷史文化的瑰寶之一，殆無可疑。筆者素來對史學理論植有深趣，故對任何相關書籍與論文，皆不願輕易放過，尤其是古來具專家獨斷之學的劉知幾、章學誠兩氏，更是盡量搜羅輯緝，務求無所子遺，故近見書坊出有張氏撰作《章學誠的史學理論與方法》，如獲至寶，隨即購讀。讀後亦偶有少得，以下願就個人愚得，謹向原任者與章氏方家討益，幸不吝垂教。

　　閱讀本書乃有一可喜現象，是作者原本修習理工，後轉攻文史，本書即其成果。里仁書局是老字號書店，有一定聲譽，願意爲之出版，想見有可觀之處。是書共分六個章節，序言外有一、緒言（1～6）二、章氏史學淵源（7～16）三、章氏史學與乾隆學風（17～34）四、章氏的史學方法論（上）（35～67）五、章氏的史學方法論（下）（69～146）六、結論（147～153），另附注解（155～161），參考書目（163～166）。凡約七萬字左右，鋪述章學誠的史學理論與史學方法論。以此字數，欲對本書主旨所在加以抉發闡論，是否能盡得其誼，就端賴作者功力之深淺了。以本書之章節結構安排，或能盡之，加之書中文字通俗平順，甚爲易讀，對幫助讀者了解章學誠的史學理論，確有助益；里仁書局所出之書，大都排版精美，本書自不例外，足使本書增色不少。不過，數日之間，展讀之下，發現亦有若干問題，可以提出討論或批

＊　本文原刊於《興大歷史學報》第 10 期（台中，2000.6），頁 115～120。

評的，以下即直陳管見。

　　首就全書章節結構而言，以作者寫法來論，本書亦可視為一長篇論文，而不具專書型態，何以言之？蓋本書若定位為「專書」，則應該在每章之後即附有注解較佳，以省翻閱之勞。最近頗多學術論著，無論大陸或台灣，大多採以當頁即加附注，堪稱方便，尤為可行，以後編輯方向似可朝此進行。本書集中所有注解於最後附錄，雖並無不可，但畢竟不便，同時亦是單篇長文的基本格式。再者，本書書名「章學誠的史學理論」部份，在書中章節並未顯現出來，本來這是書中最重要的主體，應該論述最多最詳的，反而不足甚或闕如的，實為本書一大憾事。倒是方法論佔去四、五兩個章節的篇幅，明顯不稱；其實，方法論只是史學理論的部份而已，屬於技術層面，作者似乎本末輕重倒置了。在章節之間，如敘章氏生平的第二章，應就章氏能成就其卓越史學理論（含方法論）之所以然，預留伏筆或明顯點出，僅就黃宗羲、萬斯同、全祖望的學術淵源論述，而不旁及其他，仍然令人有隔岸觀火之感，余英時、汪榮祖兩位教授在分析陳寅恪的一些論析辯證的方法，其實是很值得我們借鏡的。如此跟下面章節前後呼應，全書就更詳密可讀了。

　　另外，論述章氏的史學理論與方法時，最好亦不宜僅平面析述之而已，亦可評估其學說至今猶可採行有幾？以及其理由（反之，何以有未行未留傳的原因？亦應析之。）如不在章節之內即加以討論，亦可另成專章，即另加批判章氏史學作為第六章，如此才較完整。

　　除書中正文之外，附錄部份的「注解」及「參考書目」都還有需要加強的空間。從「注解」看，作者的史學方法訓練可再磨練。所參考之書目，如於注解中第一次出現時，即需全衙寫出，如作者、書名、出版時地、版本、頁數，然後註明以下注解略書名，僅引篇名，如此即可避開如註 7 至註 9，皆作同註 4，看來極其單調枯索。又如註 65，其註同 59，當翻至註 59 時，又說同註 39，再翻至註 39 時，又說同註 4，真是勞師動眾，情何以堪？註 32 引鄭樵〈寄方禮部書〉，因係首度引用，則必須註出係出自《夾漈遺稿》，然後註明卷數版本頁數等等方是正確；註 28 亦同，如此等等，皆需改進。再從「參考書目」看，則所當補充者尚甚多，作者參考吳天任《章實齋的史學》一書甚多，取材不少，故不在話下；惟書中內文引述不少的林天蔚《方志學與地方史研究》專書，竟未列入，恐係作者疏失。另余英時《論戴震與章學誠》一書，亦未參考，則其失也大。究其實際，有關章學誠史學理論與方法的專

書與論文尚多，作者宜再補強，並可加以討論批判，否則從注解、書目及正文都可以看出所引材料甚為貧乏，如此焉能期待本書能有如書內扉頁所介紹的「對章學誠的史學理論，作了一番整理；對章氏方法論的剖析，頗多獨到之處」？本來吾人撰寫歷史研究專書，必須有新史料，或者新觀點才能據以成書。缺其中任一，只是炒冷飯而已，遑論及學術建樹？

次就內文論點的正確性來論，亦有多則可以提出討論。如第 11 頁，說全祖望增修的《宋元學案》，正和章學誠所說：「史家之文，惟恐出之於己」的見解相同，同時也正好說明二人在學術上的關係密切。筆者愚駑，一直不懂簡單兩句話，何以就能釐清全、章兩氏學術見解關係密切？是否作者梳理欠通，不能如白居易寫詩使老嫗全懂？另同頁，「五、章學誠與浙東學派」，一開頭即引倉修良等《章學誠評傳》第 434 頁所說的一段話做為開場話引，筆者細審之覺得沒有引用的價值，若定要引之，則似可擺到此小節最後結語時再引做輔助加強的說明即可。

第 22 頁作者說章學誠不徇當時學術風氣，我行我素，而當時其他學者對他不屑一顧。面對這種情形，章氏卻「笑之則以為喜，譽之則以為憂，而悠然自得」，這確實是好修養，對於一個棲遑不可終日的窮困學者而言，不知作者可有證據說明？筆者對章學誠罔顧宋學、漢學之爭，堅持自己的學識論說，不為俗塵所撼，是相當敬佩贊同的，但是否臻入化境如同作者所言，是略有小惑的，不知作者肯否教我？另隔頁有引〈與朱少白書〉一段話，筆者遍查諸書，皆不見該段話是出自該篇，是否傳鈔錯誤？同樣情形，亦見諸頁 134 引文的第二段，也不在注解中所引的〈修志十議〉當中。此是忌諱，不宜犯之。

另者，第 41 頁第五行，說「史德」的重要，卻誤比「魏徵的穢史」，穢史是專指魏收的《魏書》（近有學者為之申護，不可不知），一字之差，其謬也大，不可輕忽。第 57 頁，引文有「太史〈敘例〉之作」，此敘例不可加〈 〉號，可參王秉恩〈校記〉之說明，作者未參，故誤為一篇文章。

第 96 頁第九行有「由於正史中，像《史記》《漢書》裡，傳文往往抄錄了傳主的作品，而且是長篇大論的」，作者似未審知有這種撰寫情形的是《漢書》而非《史記》，《史記》不然。

第 124 頁倒數第三行有云：「章實齋在那時候，已經注意到『圖』的重要，而且絲毫不苟，的確有過人的見地」。實際上注意到圖譜的重要，宋代鄭樵已

經倡論在先，章氏承襲鄭說，作者似不知之，至有過譽之辭。同樣情形，在149頁，作者非常贊同章氏自析與劉知幾之不同，曰：「劉言史法，吾言史意；劉議館局纂修，吾議一家著述，截然兩途」說「他這話，分析得多精細！」其實，作者應當唸過許冠三先生的《劉知幾的實錄史學》一書，「參考書目」錄有此書，書中許氏已針對此話有所辯駁，作者當知（附白：筆者拙著《史學三書新詮》與《劉知幾史通研究》亦皆有論及於此）。

除上述外，還有著文應當加注，但文中闕如的現象，亦有數則，如第45頁倒數第四行說邵晉涵看過章學誠的〈圓通篇〉說：「……於史學為大宗，於前史為中流砥柱，於後學為蠶叢開山」的讚美話，此處應當加注，出自邵氏何書？據筆者粗略印象（並未再詳查），此話亦係章氏自語轉述，非如作者所謂出自邵氏親口。第73頁說「梁啟超認為章學誠是方志學的開山祖，又說他的著作、研究正史和研究方志的，各佔一半」亦應作注。此話或出自梁氏《中國歷史研究法并補篇》一書。第135頁引原文，須加注。第149頁倒數第二行，劉台拱答翁方綱之問章學誠的學問路數時，以「不知」回應。為何？亦須加注，才能讓人明白。餘例尚有，不復述。

最後，再就本書的脫漏錯誤處，略加說明。此則大約可以說是手民誤植或校對不精所造成的。筆者製成一表如后（詳見下表），可見錯誤不少，其中大都係出於所引原文之處。這裡須加聲明者是作者所引書，諒係以台北國史研究室，民國62年重印三版之《文史通義》為主，筆者則就個人方便，以華世出版社民國69年新編本之《文史通義》校之，因而恐於小處略有出入，但相信兩書皆大抵以嘉業堂《章氏遺書》為底本，故所訂正處，應稍有參考之價值。另外，引原書原文，近率皆以低三格為示，本書則第一行低四格，餘準三格，略有小異於一般學術規格。此或不為病。但引文常有分割太過（如112頁），……號使用太多，導致支離破碎、文氣不暢，甚或有斷章取義之弊。另外，細者如標點符號在引原文中亦有不少錯誤，但本文已不能畢舉。

綜合上述，可見本書雖稱對章學誠的史學理論有一番整理工夫，但也仍然存在若干問題，可加以修正。本文就事論事，提出匡正管見，以就教於作者及研章氏史學之方家。以作者原非歷史本系出身，而願加入研究行列，史學界無限歡迎與引領期待，但願繼續邁進，為我文史學界添一生力軍。本文之撰寫，實亦有期於研究章氏史學乃至整個中國史學的研究，透過批評，而能提昇整個研究水平。

頁數	行	誤	正	頁數	行	誤	正
15	1	而未	而媿未	78	8	取裁	取其裁
15	2	感	成	78	倒1	說	記
15	4	飭	飾	79	1	裡	俚
20	2	探索	考索	80	5	諜	牒
20	9	日聚	日聚	82	4	志箏	志
22	4	盛衰	衰盛	87	6	橡	掾
22	5	所嚮	祈嚮	87	7	。目	日
22	5	以爲	以	90	6	與	興
26	6	……	…刪，連文	92	1	裨	稗
26	6	微	能	92	1、13	致	政
36	倒2	友	支	92	4	副藏	藏副
38	9	不爲	不可爲	92	5	竅	覆
39	7	居子	君子	92	5	竅	覆
41	倒2	和	私	93	4	——	｜｜
47	2	變爲	變而爲	94	倒1	籍	藉
49	7	易無	易矣	95	倒3	戴	載
52	7	詢	洶	96	6	政	故
53	7	例	則	96	倒2	著	者
53	11	議	戰	97	8	能	所
55	2	粹	鑑	97	10	并按	並接
56	2	述	飾	98	倒3	屬	官屬
57	5	乃	及	99	2	宣	宜
57	7	綱	大綱	99	4	析	折
61	2	史	志	99	4	部	部通志
63	2	異	略	114	6	後方	得分
63	2	妊	氏	118	2	日：	」日：「
76	5	都	鄙	119	3	飯飯	飣飯
77	1	懍	凜	119	倒1	千	去千
78	2	是	是史	120	1	輟	綴

120	2	吳	奚	139	9	剮	副
120	2	是	足	141	4	考莊	老莊
122	倒4	點	圖	141	6	不得	不得不
123	1	朔	溯	141	8	狀清	杜清
123	2	考	書	143	4	ヘ我	?我
126	1	同，	，固	143	9	湖公	湖北
127	倒2	人	而人	147	倒1	聖	堅
128	3	挑	桃	148	1	能生	生
129	6	列	例	150	6	與	學
132	3	瑜瑜	瑕瑜	151	2	體	體例
133	2	本本	本	165	2	中	史
139	6	人史	人文	167	5	成	幾
139	7	名品	名